我們這一班

台　客編

文學叢刊
文史哲出版社印行

國家圖書館出版品預行編目資料

我們這一班 / 台客編 -- 初版 -- 臺北市：
文史哲, 民 102.12
頁; 公分（文學叢刊；308）
ISBN 978-986-314-158-7（平裝）

855　　　　　　　　　　102026701

文學叢刊 308

我們這一班

編　者：台　客
出版者：文史哲出版社
http:// www.lapen.com.tw
e-mail：lapen@ms74.hinet.net
登記證字號：行政院新聞局版臺業字五三三七號
發行人：彭正雄
發行所：文史哲出版社
印刷者：文史哲出版社
臺北市羅斯福路一段七十二巷四號
郵政劃撥帳號：一六一八〇一七五
電話886-2-23511028・傳真886-2-23965656

定價新臺幣四二〇元

中華民國一〇二年（2013）十二月初版

ISBN 978-986-314-158-7　　09308

我們這一班
——代序

廖振卿

我們這一班，四十年前由全台各地因緣相聚於台南成大，四年時光，一千多個日子，相互共讀求知於茫茫學海，相互結伴踏青郊遊於南台灣各大景點。當時我們都是二十郎噹歲的有為青年，恰似朝陽初升，追求人生燦爛光明美麗的遠景！

當鳳凰花四度綻開，驪歌高唱，雖然萬分不捨，但我們不得不別離，從此各奔前程。有人再上層樓考上國內研究所，有人出國留學，有人至各國、高中任教，有人服役後考公職，有人創業當老闆，有人到外商公司任職，總之不一而足。

為了自己的理想，也為了混一口飯吃，從此二、三十年來，我們各自在社會上汲汲努力，奉獻我們的青春。二、三十年過去了，我們也老了，長江後浪推前浪，近些年來大家紛紛從人生職場上退下來，轉戰另一層次的生命旅程！

算算成績吧！有位女同學當上了文化部長，這是我們全班的驕傲；有幾位同學堅持文學創作理想，分別出版了詩集、散文集等，成了作家，可喜可賀；有些同學改行當畫家、書法家，分別開過畫展、書法展，成績斐然。有些同學曾擔任教授、學者、總經理、秘書、醫師娘、旅遊美食家等等，其成就也令人激賞！

有些同學畢業後就如鴻鵠高飛，音訊全無，令人倍加思念；有些同學英年早逝，令人倍感世事無常。如今我們年歲都已超過一甲子，近些年來有些同學的另一半也不斷和人生說「再見」，留下無限的淒涼與悲痛，令人心有不忍！

隨著年歲的增加，此類令人不愉快的消息，肯定會有增無減，大家要嚴肅與坦然面對，調整自己的心態。如何保健照顧好自己的身體，成為當務課題。

畢業轉眼即將四十年，今年三月同學會在南投召開，旅居紐西蘭的謝富霖同學提議，不妨再出版一本班刊以茲紀念，獲得與會同學無異議通過。但徵稿以來同學反映不算熱烈。僅有十餘人二十多篇來稿。雖然如此，但檢視內容都十分精彩可讀，相信你（妳）一定不會錯過欣賞閱讀。

我們這一班，走過了四十年人生的風風雨雨，今後還要繼續走下去，希望往後大家更加相互珍惜。

二〇一三・九・三〇

這張照片是當年 Sandy 老師贈送

民63年畢業照文學院門口

民63年2月中橫畢旅

我們這一班

目次

大三下關子嶺郊遊

大四上東海大學畢旅

九十七年成大校園

九十七年薛家別墅之一

九十七年薛家別墅之二

九十八年集來農場

九十九年容園之一

九十九年容園之二

九十九年容園之三

九十九年容園之四

一〇〇年埔里

一〇〇年清境農場

一〇一年江南度假村一

一〇一年江南度假村二

一〇二年日月潭一

一〇二年日月潭二

一〇二年埔里一

一〇二年埔里二

一〇二年清境農場

民八十六年洪辰旭畫展場上

民一百年文化部長龍應台（中穿黑衣）與同學聚會於成大校園

丘孔生油畫作品

九十年代主編台客和葡萄園詩刊同仁組團赴大陸訪問。

民七十二年老廖至馬祖西莒外島軍郵局服務

謝富霖三代合影

謝富霖夫婦於紐西蘭

民八十七年六月龍應台自德國返台與同學餐敘

那個歐巴桑是誰啊？

周瑞娟

當年讀的是南部大學，放了假總是跟幾個住北部的同學約了就坐火車往北跑，所以跟大批的南部同學交集比較少。這些同學們因為「地利」之便，畢業以後經常有連絡而且在孩子大了以後開始每年都舉辦同學會，後來「版圖」還擴張到中部、北部……來美國以後一開始還我會跟幾個同住北部也比較 close 的同學聯絡，但後來為學業接著為家庭孩子再加上因為先生工作的關係幾次大搬遷，疏於聯繫漸漸的就跟同學們斷了線。我成了「失聯人口」之一。

好幾年前的黃昏，突然接到一通來自 Canada「妳猜猜我是誰？」的電話，隔了十幾年沒聽到的聲音竟然也被我「福至心靈」的一猜就中，那是大一時睡在我上鋪一年的室友。時空好像在電話線上憑空消失，那些青春時期的點點滴滴全都鮮活了起來。現在她是我固定每一、兩個星期「煲電話粥」的基本材料，每次一煲可以煲到兩個小時。（這是：廖惠貞）。但是，雖然常回台北，但不知為什麼就一直沒再跟住台灣的同學們搭上線。

直到四、五年前有次回台北，因為跟外甥女約吃晚飯卻意外的在忠孝東路捷運站出口被大學同學「撿到」。當時下著雨，撐著傘正東張西望的看著東區下班的人潮，突然間聽到有人在喊我的名字，四處張望看到的全是陌生的面孔，有個短髮女人站在我面前說：妳不認得我啦？我是××啊！兩把對立的傘，站著兩個似曾相識的中年女人，雨水順著傘面滑下來，我努力的在記憶裏搜索，很尷尬，為什麼人家認得我而我不認得對方呢？我只記得我的確有這麼一個名叫××的同學，只是，太多年了，長相跟名字配不起來，好丟臉！基於「面子問題」只好「且看且戰」，兩個人，撐著傘就站在雨中的捷運站口敘起舊一直到外甥女來接我去晚餐。她告訴我兩天後將有一個在南部舉行的同學會，如果時間許可希望我能參加。（這是：潘琴）就這樣我在同學會通訊錄上的連絡地址電話終於可以把 unknown

這個字消除了。這幾年回台北，如果時間搭配得上我都一定「攜伴」參加！

中、老年人的同學會太好玩了！因為通常被「人肉搜索」到的「失聯人口」，乍一出現時都會引來一場「猜謎大會」，大家七嘴八舌的想把當年的小姑娘、小伙子跟眼前的歐巴桑、歐吉桑 match 一下，真是心酸加喜悅，很有趣。因為有些人真的失聯太久了，玩 matching game 時總是小心翼翼，唯恐「遺珠之憾」。

前兩天又有兩個「失聯人口」被搜索到，於是在台北舉行了一個小型的同學會，北部的會長 forward 了四張相片來叫我們猜猜誰是誰？忙死了我們幾個住在美、加兩地的同學，電話加 e-mail 都猜不出個所以然，因為四張相片裏有三個完全沒「印象」的陌生人。不是說只搜索到兩個人嗎？（那是：黎明媚與李春綢）那第三個歐巴桑是誰啊？沒辦法只好大清早趁台北分會長（這是：何輝國）還在呼呼呼大睡時越洋電話把他吵起來「對証詢問」，終於把 who's who 搞清楚了。高高興興「做善事」的打了電話、寫了 e-mail 去跟其他人「解惑」。住 New York 的同學（這是：林璧如）

說那第三個歐巴桑是誰啊？糟了，越洋電話中太「激動了」竟然忘了問那第三個歐巴桑究竟是誰了？沒辦法，只好再打一次電話，這次打給台北分會副會長（這是：羅惠玉），她一向早起，兩人拉雜半天才進入正題。我說：很慚愧，實在猜不出那坐在右邊第一個的同學是誰？不是只有我，我們住美、加的擠破頭都猜不出那「第三者」是何方神聖？

聽筒裏只聽到副會長神閒氣定的說：「喔！她喔？妳們當然認不得，因為她是李春綢的姊姊，她帶她姐姐來參加我們的小型聚會。」Wow！啥米？真是給他「昏倒在地」！我們幾個這些天喳喳呼呼的電話來、e-mail 去的忙了好幾天真是「瞎」！

當年的金童玉女，如今？

成大憶往

黎明媚

四十年前當大學需擠破頭才能進入的年代，成功大學即執南台灣高等學府的牛耳。那時，大學不像現今如此氾濫，能考上大學的，雖非鳳毛麟角，但也堪稱中上之才，何況能考上頗具聲譽的公立大學，這可是光宗耀祖的事呢！

全台灣的莘莘學子，人生的唯一目標，就是要擠進大學窄門。因為一邁入此窄門，不僅可在鄰里間揚眉吐氣，還可從升學主義的桎梏中，全然解脫，而人生也將由黑白變彩色。那時天真的認為，未來四年的大學生活，將會多彩多姿，自由自在，如同大海任魚躍，天空任鳥飛，世界全在掌控中。當然，這種井底之蛙的幼稚想法，就在沉重課業的折磨下，不久即蕩然無存。

台灣在一九七〇年代尚屬開發中國家，在島上的人，多數生活單純，樸實憨厚，也沒見過什麼世面。科技當然沒今日發達，電視只有無線老三台，既無網路也無手機。地域距離受限於交通工具，因此也就顯得遙遠多了。居住在台灣南部和北部的人，因為距離的隔閡，使得生活習性、思想觀念、說話腔調，以及語言表達等，皆有明顯差異，這在成大的同班同學中就可窺出。

外文系的同學北、中、南皆有，人數不相上下，可謂勢均力敵；大體說來，彼此互動實在不多，但相處尚稱和諧。從台北來的潘琴曾說，一進成大外文系的教室，最令她印象深刻的就是，驚見從南部農村來的尤在田，將花布巾包裹書本的書包，綁在腰際，再加上他一口「原汁原味」的逗趣台灣國語，活脫一幅夯夫進城圖！

嬌小的羅惠玉說，她四年來，除了上下課外，幾乎都在離成大不遠的天主教修道院之宿舍中閉關。除了上下課外，幾乎大門不出二門不邁，只是每禮拜寫信回家，向居住北部的父母述親情，真是個循規蹈矩的好孩子。

而中部來的許芳美則透露，她剛進外文系時，曾因害怕程度跟不上，有意打退堂鼓，最後在親人的鼓勵下，終於咬牙撐下來了。

劉瑞明也憶起那個窮困年代求學的艱辛。他不諱言，小時候在南部鄉下上學，幾乎沒穿過鞋子。而大學的畢業旅行，是他一生中唯一參加過的一次畢業旅行。為了要圓畢旅夢，當時他死命兼了好幾個家教，才勉強湊足旅費，而這竟成了他日後難忘的回憶。

李春綢、朱盈盈和我是由中文系轉至外文系的菜鳥，必須補修許多學分。由於「患難與共」，同進同出的機會較多，形影不離得有點像三胞胎，因此常被戲稱「三劍客」。李春綢因家教兼得多，我和朱盈盈都叫她小富婆。記得她常以一輛二手摩托車（那時還可真時髦哩！）載著我和朱盈盈，穿街走巷，還在成大校園引人側目的穿梭，就為參加各種慶生活動和園遊會。如今，我在台灣，李春綢在美國，朱盈盈則不知芳蹤何處？人生聚散無常啊！

畢竟還是學生，大學生涯最煩心的仍是學業，如何不被「當」，混個文憑畢業，應是大家一致的目標。外文系主要唸的是英美文學、英文散文、英詩、莎士比亞、希臘神話等，這些高深的洋文線裝書，對剛從高中畢業，只會造幾個粗淺英文句子的我們來說，無疑是天書。現在回想起來，還不知是怎麼混畢業的。

四年來所受教的老師們，可說各具特色，而最叫人感激涕零的是，這些老師多數悲心尚存，因此手下留情，不至於狠心揮舞大刀，宰殺這些可憐的莘莘學子。其中教散文的傅老師教法傳統，強調背誦課文，即課文熟背得愈多，得分就愈多，因此得了個「背多分」綽號。上他的課，若記憶力不好的話，那就只好請上天垂憐了。教英詩的是一位永遠不會笑的苦情修女，一本厚厚的英詩集，在她手中更見沉重。只要她一進教室，大家就噤若寒蟬，在她喃喃自語的誦詩聲中，眾人如坐針氈，真是有聽沒有懂。唉，好不容易等到下課鈴響，大夥終於解脫般地做鳥獸散。

教授「希臘神話」的，是一對彷彿希臘諸神現身的帥美傳教士夫妻檔，雖然他們授課時，活靈活現唱作俱佳，但是大家還是被一堆西方諸神，什麼海神、宇宙神、太陽神、冥王神、維納斯神等，搞得昏頭腦脹。幸好，這對傳教士夫妻皆有「神愛世人」的胸懷，這門課大家好像皆莫名其妙的安然過關。

另外一堂較無壓力的課，是由一位姓布朗的女修士所帶領，我們都稱呼她「Miss Brown」，因當時台灣還沒有「Mr. Brown」咖啡，不然她可能成為咖啡小姐了。印像中，她總是露出一副天真無邪的笑容，還義務幫每個人取英文名字，而我用到現在的英文名字，就是當時她幫我取的。這堂課不管是內容或老師，應是比較適合大家程度的。

回想起來，四年的大學生活到底在人生的旅途中，烙印下什麼呢？仔細想想，似有若無。或許，曾激起一些青春的漣漪，漸漸擴散消失，如似水年華無可追憶！

一九七四之後

蘇雅貞

四十年　一萬多個日子
一步步　從年輕走到年老
這一路上　對的錯的好的壞的
喜的悲的　如意的挫折的……
如今回首　很多已然逐漸淡去遠去散去……
放不下的事還是有　但少了些
牽掛著的人還是有　也少了些

感恩還健康活著
感恩可以平安度日

感恩有佛法可以依靠
感恩所有關心我　想到我的朋友們

隨喜你們　對同學情誼的珍惜
隨喜你們　對同學會的熱心參與
隨喜你們　對完成班刊的付出

耳順之年　追逐的早已不再是名利地位……
願我們照顧好自己的健康
把握住每一天的時光
珍惜身邊每個人
祝福大家　平安健康喜樂

同學會

廖振卿

「各位親愛的同學：又是一年春暖花開的好日子，茲預定於×月×日於××地方舉辦同學會，歡迎大家踴躍報名參加……」

阿生又以伊媚而發來今年同學會的訊息，他並在信中告訴我，今年聚會的地點是在台南的某風景區內，景色秀麗，要我一定前往參加。

記不清自大學畢業幾年後有同學會，只知道近幾年來每年我都參加，見見老同學，大家敘敘舊，聯絡情誼。隨著年歲的增長，如今大家幾乎都已從工作崗位退休下來，有較多的時間聚會。

大學時，班上總共有五十多位同學，然而如今每年參加同學會者最多僅二十餘位，有時僅十來位。有幾位同學人生已提早打烊，再也見不到他們了。大部分同學不是失聯就是沒興趣參加。故每次同學會大都是固定成員的十來位。

兩天一夜的行程，每次安排在島內知名的風景區舉行，兩三位較熱心的同學共同主辦，其他的同學盡量配合。聚會當日同學從全島北中南各地搭車或開車趕來。在定點聚集後再前往目的地。

當晚待住宿定，吃完晚餐，照例開起同學會，大家圍坐在一起，談談笑笑，每人固定發言時間起來說說自己一年來的近況。同學會一開兩三個小時，大家才解散各自返回寢室休息或繼續聊天。

次日吃完早餐後，集體在附近風景點旅遊，下午吃完午餐後各自搭車賦歸。費用則大家分攤。

時間過得真快，算一算我們離開學校已近四十年了，大家都已頭髮斑白！還能參加幾次同學會？趁現在還走得動，能參加就盡量參加吧！這是我的想法。

二〇一〇年五月

這一生最美的祝福

孫淑瑜

在提筆〈不，在鍵盤打字〉的那一刻，內心充滿了感動和激動。忽忽四十年過去了，好像是一場夢，但是感謝 神，是一場精彩的好夢，因為我認識了耶穌，成為我這一生最美的祝福。九十年九月廿二日我受洗成為基督徒，這是我一生從未規劃的事。但是神的道路高過我們的道路，神的意念高過我們的意念，在祂的藍圖中，我在五十歲要成為祂的兒女，成為一個新造的人。

九二年當我從服務二十九年的教學生涯退休時，我自認已經打了一場美好的仗，從此可以悠悠哉哉地過日子了。然而沒想到接下來十年，我卻必須面對我一生中最艱難的爭戰——接受小兒子放棄學業成為爵士鼓手的事實。感謝神，祂知道我無法獨自走過人生的低谷，所以在二年前就揀選我成為祂的兒女，讓我藉著禱告和讀聖經明白祂的旨意，放心把小兒子的未來交託給主〈let go, let God〉。

當我順服神的旨意願意放手後，在一百年春季到一〇一年秋季這一年半的時間，神帶領他到美國，學習過程雖然艱辛，但是神聽眾人的禱告，他終於順利拿到爵士鼓演奏文憑。面對兒子堅定的抉擇，我領悟到：兒女雖然是神賜給我們的產業，但是我們無權決定他們的人生方向。在他的身上我多次看見神的祝福和帶領，使我更堅定我所信靠的是位又真又活的神。祂的慈愛和憐憫將苦難化為祝福，將 mess 翻轉為 peace。

今年三月我們順利地辦完大兒子的婚禮，得到許多人的讚美。婚禮籌備近一年時間，其中發生了一些事，都不在預期之中，例如：因我媳婦的爺爺過世，我親家想要依據民間習俗在喪事之後三個月內讓他們結婚。如此一來，婚禮就顯得倉卒；但是我們尊重親家的決定，只能將這事放在禱告裏。感謝神，祂在掌權，親家最後決定不更改結婚日期，我們才能將婚禮辦得如此開心。更離奇的是，訂婚前夕媒人〈我大姐〉突然發高燒喉嚨沙啞，但是在禱告中我們心裡有平安，知道神會眷顧一切，我大姐居然一夜之間病好了，也能說話了。因著我們對神的信心，我們相信祂樂意賜福，因此我們平靜安穩地度過這些難關。

歲數過了一甲子，健康漸漸走下坡，心靈也漸脆弱，一點小事可能使我們憂慮不安，甚至有負面的聯想。感謝 主，祂是我的磐石、力量，也是我的詩歌。常常喜樂，不住地禱告，凡事謝恩，就是我心中有平安的緣由。神愛世人，甚至賜下祂的獨生愛子耶穌為我們的罪死在十字架上，再沒有比這更無私的愛了。神的愛激勵了我，讓我可以藉著代禱和關懷將救恩的好消息傳揚給我的親戚和好友。有一位同事在退休的前一年被家長誣告，幾次上法院之後，她幾乎要崩潰。她開始每週上教堂並且請我為她的官司禱告，期盼神的公義為她伸冤。

馬太福音11：28：凡勞苦擔重擔的人，可以到我這裡來，我就使你們得安息。神天天背負我們的重擔，因為祂顧念我們，祂睜眼看側耳聽我們的禱告，祂為我們的各項需要代求到底。神是我們的大牧者，祂帶領我們到青草地可安歇的水邊，我們必不致缺乏之。雖然我們走過死蔭的幽谷，也不怕遭害，因為祂與我們同在，祂的杖，祂的竿都安慰著我們，神的恩惠和慈愛必一生一世伴隨著我們。我們的肉體雖然一天一天衰殘，但是祂是我們心裡的力量和福份，直到永遠。

一人信主，全家得救。因著弟弟在美國讀書受洗，家族三代十六人也接受耶穌，成為聖潔蒙愛的神的兒女，這樣美好的祝福和盼望希望能與同學們分享。

大四上瑞里踏青

驀然回首四十載

——四十年後的重逢感言

黎明媚

一通差點被認為是詐騙的電話，竟讓我與失聯近四十的大學同學，接上了線。初聽有點不可置信，再聽卻真實又帶點虛幻，真不知今夕何夕？不過對同學如此費心，尋找如滄海一粟的我，是既驚訝又感動！

這意想不到的接觸，驟然將回憶，拉回到四十年前的大學生活。儘管浮光掠影，記憶模糊，然而大夥在成大校園穿梭，年少輕狂的身影，教室切磋的笑談，依稀彷彿，有如忽隱忽現的夢境，點點滴滴湧上心頭，似近若遠，欲見卻不可得。

俗諺：「十年修得同船渡。」我們真不知修了多久，才有四年大學的同窗之緣。然而，四年如鏡花水月，懵懵懂懂，一眨眼即逝；大家就在韶光匆促，驪歌輕唱中，分道揚鑣各奔前程。多年來，在多歧的世道，茫茫的人海中，載浮載沉。而一別四十年，再見面已髮白視茫，體衰神弱，恍若隔世，能不欷吁！

人生能有幾個四十年？不管境遇如何，如今不可免皆逐步邁入遲暮之年。回首來時路，不諱言都經歷了酸、甜、苦、辣，百味雜陳的人生。而人生其實是虛幻不實的，不過黃粱一夢，最終要面對的只是黃土一坏，誠如佛家所說：「萬般帶不去，唯有業隨身。」真是生不帶來，死不帶去。

道家對「人生一場空」的描述更是貼切，其「七真史略」中所敘述的「空」，真叫人警惕啊！其言：「天也空、地也空，人生渺渺在其中；日也空、月也空，東升西墜為誰動？田也空、地也空，換了多少主人翁；金也空、銀也空，死後何曾在手中？妻也空、子也空，黃泉路上不相逢；名也空、利也空，轉眼荒郊土一封。」

我雖然也曾隨波逐流負笈海外，對東西文化略有浸淫，但自從三十多年前開始接觸佛法後，彷彿當頭棒喝，猶如在茫茫大海中躍上舟筏，在暗夜中見到明燈，讓迷霧般的人生，終於看到了方向。遂慨嘆：「此身不向今生度，更待何生度此身？」塵世無常，此身易殞；生命如魚少水，何樂之有？

在此濁惡的世間，天災人禍無日無之，無常則如影隨行，處處可見。君不見，青春無常，朝如青絲，暮似雪，高堂明鏡悲白髮；時序無常，秋風蕭瑟天氣涼，草木搖落露為霜；人事無常，人事有代謝，往來成古今；盛衰無常，生、老、病、死，不斷流轉變遷，如孔夫子所言：「逝者如斯，不捨晝夜。」金剛經更明示：「一切有為法，如夢幻泡影，如露亦如電，應作如是觀。」

在與同學的聚首中，得知有些已往生，有些喪偶，有些遭逢變故；不論如何，這些看似無常的人生，恰恰是人生的正常，因為輪迴的人生，就是永無休止的生、老、病、死啊！

若能了悟人生從何而來，往何而去，應可淡然看待所遭遇的悲歡離合。歷經歲月的洗煉，人事的滄桑，大家是否更該珍惜再相逢的因緣！

民63年畢旅老廖與真芳鯉魚潭泛舟

民63年2月中橫畢旅

後宮甄嬛觀後感

丘孔生

感冒多日糾纏，甚是惱人，現今初癒，心情大好。推開落地窗門，來到樓台上，大口吸氣，心中頗為舒坦。

今晚倒是月明星稀，微風拂面，略帶涼意。我駐足片刻，不由腦醒神提，格外清明，想起新歲年後，不時乾咳相隨，無法正經做些事兒，很是無趣。不過雖是如此，倒也落得悠閒。

《後宮甄嬛傳》是一齣內地大戲，早有耳聞，而時下也談論得沸沸揚揚。我一時擺下遲遲沒看，只因情節略知一二，無非宮女爭寵，明爭暗鬥，機關算盡，終是一筆清宮亂賬。

唯近日作畫不成，書寫無心，晃悠之間，一時興起，竊想何不看看陸劇《甄嬛傳》，也好增長知識，添份樂趣。於是就這樣放入了DVD，翻開了這頁後宮秘史。

劇情多曲折，時有峰迴路轉，出人意表之處。雖是凡俗素材，卻也編得如此精彩，引人入勝。其運鏡俐落流暢，毫無窒礙，劇情鋪展起伏有緻，環環相扣，殊為難得。而我，卻也惹來吃飯配電視之嫌。

雖是如此，我卻更愛劇中對白，在唇槍舌劍，一來一往之中，深覺文句犀利，造詞典雅，更具起承轉合，進而鞭辟入裡，切中要害。而編劇功力，著實令人激賞。我一向酷愛日劇，而《集》《集》相逼者幾希，大陸《甄》劇卻是。

常想兩人情投意合，本是美事，但單方面愛與被愛，卻也有人依然甘之如飴。所以愛情說不清，也說不得，皆隨當事人的心境起伏，誰能摸透？

雍正愛甄嬛是愛著故純元皇后的影子，而甄嬛當著純元皇后的影子被愛，何等殘缺，甄嬛心知肚明，因之當被貶出宮，不多留戀。

之後，為挽救家人被虐待慘境，決定用盡心機重返宮內，甄嬛後半人生重大轉折，諸多著墨，大有「絕地大反攻」之勢，頗為精彩。在出宮與入宮，兩相對照，可看出甄環的果決，有所為，有所不為。

有個橋段令我印象深刻：在湖邊，月暗星稀，甄嬛和果郡王，深情相愛，卻不得不離別，而甄嬛含淚緩緩說著：「皇上已下聖旨，召我回宮，你因公務在外，和你闊別四個月後，已是滄海桑田，人事全非，回不去了！」

甄嬛肚子已懷著果郡王爺的孩子，又不敢明說，痛呀！當下又哪能顧得著王爺淚流滿面呢？在淒愴的夜晚，湖邊一別，往後又是何等光景？著實難料！這時不由讓我想起李白詩句：「明日隔山岳，世事兩茫茫。」

至於雍正，真知「逆風如解意，容易莫摧殘。」的詩境嗎？不信任，終究是愛情最大的斫傷；甄環諸多承受，她，習慣了。

常人總認為，情愛相聚，謂之緣份；情絕而分離，卻借故是緣盡，其實呀！聚散離合，事在人為，非在緣份，甄嬛和雍正之情可作如是觀。

綜觀本劇，顧名思義，是部宮廷鬥爭史，亦是部甄嬛奮鬥史。看完本劇覺得「陰」氣過重，不知是劇中宮女過多，還是陰謀深重。

近日不知怎的，做家事之餘，偶而耳際還會聲聲傳來，皇上駕到！萬福金安！……
走筆至此，甚是勞神，此時若「東阿」阿膠，來上一碗，不知何等快慰！

誰在「泛舟」？

民62年2月台南忠烈祠

癌症日記

尤在田

去年三月初，妻因黃膽去看醫生，醫生指著超音波影像說：「膽囊沒結石卻腫脹到兩倍大；右邊肝臟有大約六公分的黑影，很可能是腫瘤；膽管近十二指腸處淋巴腫脹，壓迫膽管，使得膽汁排不出來。看樣子，乳癌細胞轉移到肝臟來。」

妻回成大治療，先在膽管阻塞處安裝支架，然後重新做化療。我問醫生何不手術割除腫瘤，他說她的腫瘤是瀰漫性的，不適合開刀，而且除了肝臟，其他器官可能也有。醫生離開病房時，我跟著出去問他敏感問題，他說最久只能再活兩年。回房後妻問我在外面和醫生談些什麼？我告訴她醫生說癌細胞轉移後很難再治好，不過要勇敢地活著，也許將來會有新藥治療乳癌。

妻的黃膽很快就降下來，化療後在醫院再觀察一天就出院。出院時，妻的精神很好，對癌轉移似乎並不害怕。回到家，兩個孫子看到她，大聲說：「阿嬤，妳回來了。」她抱起小孫子問：「乖乖，有沒有想念阿嬤？」

兩週後一個星期六中午，妻突然喊肚子很痛，我立刻送她去急診。在一連串處治後，醫生說她膽道感染，引起發炎，必須住院治療。我請大姨子陪她，然後急忙回家拿東西。衣服和盥洗用具是一定要的，熱水瓶當然也要。住院要吃得好，吃得有營養，所以便當盒和水果刀也要帶去。除了物質糧食外，精神糧食也需要，所以也帶了隨身聽和筆記型電腦。妻不喜歡醫院的伙食，所以我就到外面買。一種食物吃久了會膩，所以要不斷換餐廳。在這裡停車不易，所以再遠的地方我都走路去，每天走兩三公里路是正常的事。用過餐後當然也要洗碗筷。妻生病後我練就了一身做家事的功夫。

大約一星期後我們又出院了，妻還是很高興，她說能活著出院真好。回家路上我們在一家綠豆湯店停下來，妻說她要好好吃一杯綠豆湯慶祝出院。後來每次出院，她都吃這家的綠豆湯。

我們大部份住院都住雙人房，病床頭頂的牆壁上有個牌子寫著病人的名字和年齡。有一位病人才三十四歲，是個單親媽媽，兒子唸小五。她說她得了淋巴癌，前一天做第一次化療，她只向公司請三天假，再過一天就必須回去上班。出院時，她除了一個背包，什麼都沒有。我問她如何回家？她說走路。她家在永康榮民醫院附近，離成大醫院約兩公里。要離開時，她向我太太說：「阿姨，保重。」看著她的背影，我突然感到一陣心酸。

還有一次，我們住在三十六號病房，剛踏進病房時，我看到一個像骷顱一樣的病患，我著實嚇了一跳。我再偷偷地看一次，其實那是一位年僅三十八歲年輕女士，生病前長相信應該不錯。她得了胃癌，來照顧她的是她當軍人的先生。那位軍官在電話中跟他的兒子講話滿嚴厲的，但對太太卻很溫柔。其實，這位女士這次住院並非是胃癌，而是感染。醫生甚至說她在胃癌割除後已經好了，叫她多吃營養。跟他們相處兩天後，我們轉到健保病房，所以不知她何時出院。

大約一個月後，妻又因感染住院。因病房吵雜，我和她到電梯旁大廳看風景。此時，從走道推出一具棺木，先前三十六號病房那位軍人和他的兩個兒女跟在身旁，原來他的太太往生了。當他要進電梯時，他向我們鞠躬並說保重。妻難過地說：「孩子還那麼小！」眼淚從臉頰滴下來。

膽管支架每三個月要更換一次，這次醫生把舊的取下，卻沒有裝新的。他說腫瘤更大了，如果硬塞，怕把膽管擦破。醫生建議改用體外引流，那就是在肚臍上方扎一個洞，穿一條管子進入膽管，管子出口接著一個收集袋，大概有一本八開的書大小。使用體外引流後，妻的生活變得不方便：洗澡時她必須提著袋子由我幫她洗；睡覺時怕壓到管子，不敢隨意翻身；出門時必須穿夾克，以便遮掩收集袋。最麻煩的是，管子進入腹腔的傷口，必須每天消毒並更換紗布。

十月中旬女兒的男朋友和他的媽媽來我家，中午我們一起去新化吃飯。這家餐廳的菜很好吃，大家一面吃一面聊，吃過兩道菜，妻感覺不舒服，獨自到外面走走。我看過了十幾分鐘還沒有回來，內心感到不妙。我向客人道個歉，到外面去找她。妻說她的肚子愈來愈痛，由於短時間內叫不到救護車，我直接開車載她去醫院。途中她痛到幾乎昏厥，她說可能會死在路上。我很害怕，沿途不斷超車、闖紅燈。到醫院後，她極度畏寒，不斷地顫抖。這次住院還是膽道感染。

女兒預定年底訂婚，妻很高興。做完第四次化療後，身體比較有元氣，她決定去北港訂購喜餅。早上愉快地吃早餐，大約十點上路，沿途說笑。我們先到東石吃蚵仔酥和蚵仔煎，然後再到北港。途中遇到一部小貨車，滿載著高麗菜，一顆只賣十元。妻很高興買了五顆，回來分贈親友。晚上還很快樂地吃喜餅，逗兩個孫子玩。我向她提議下次化療後，我們再去佛光山看佛陀紀念館。

通常化療做完一星期後，身體元氣就會逐漸恢復。然而，第五次化療已經做完兩個星期了，妻的身體還是很虛弱，大部分時間不是躺著就是坐著。第六次化療接近女兒訂婚日期，不得已向醫生建議延後。其實，她的身體已無法承受再次化療。她每天只吃一點點飯，每吃一兩口就伏在桌上，很久再次抬頭吃一口。

我每天給她清潔傷口，覺得她肚子越來越大。醫生說她開始生腹水了，建議把腹水抽掉。第一次放了兩千多 CC，但過了不久，肚子又大了起來。女兒還有一個星期就要訂婚，我怕她那天動不了，建議她回去住院調養，到時再回來參加訂婚儀式。訂婚前一天，我向醫生請假，但醫生建議不要。醫生說她可能會在儀式進行中出血或昏迷。護理師給我們出一個點子——叫新郎和新娘在宴會完畢後到醫院來。妻有點失望，但接受了。

醫院為我們準備了聚會所，是間會議室。那天下午女兒、女婿和親友們都過來看她。妻打起精神，穿上漂亮的衣服，臉稍微化妝一下，就坐著帶有氧氣筒的輪椅去會議室。那是妻最後一次拍照。

女兒訂婚後，妻的身體惡化更快了。起先還可以扶她上廁所，後來只能坐便盆椅，後來連便盆椅也無法坐，只好穿尿褲。然而，她的尿褲一直都很乾淨，原來她的腸子已不再蠕動，腎臟也不再製造尿液。妻整天閉著眼睛，問她話時，只見她嘴唇動一下，沒聽到任何聲音，最後連嘴唇也沒動了。妻就在睡夢中與世長辭。

我們的病房樓層很高，但我們常在晚飯後坐在走廊盡頭看夜景。最後一次住院時，妻指著前方說：「在田，你看那邊有一排燈快速移動，那是高鐵火車。再看高鐵過去，那邊有一棟大樓，那是歸仁八甲的那棟大樓，我們的家在那邊。」妻說完後停了一下，然後又感傷地說：「家很近……也很遙遠。」

後記：我的太太去年三月初發現乳癌轉移，今年一月初過世。在這十個月期間至少跑急診六次，住院八次，打針抽血則不知多少次。只知道打到最後，幾乎沒有血管可用。妻得癌之前，我以為我們會白頭偕老，天長地久。我曾告訴她，將來退休後要一起遊山玩水：去北極看冰山、歐洲看古堡；到北海道泡湯、去帛琉浮潛。如今，這些很多人都做過的事，對於我們卻是永遠無法實現的夢想。

二〇一三年五月底完稿於台南歸仁

愛在四季

施美雪

今晨，細雨霏霏，拿著相機，迎面而來的是萬紫千紅的景象。綠草如茵，錯落有致的紫荊花、粉櫻、山茱萸、鬱金香、一株株的木蘭花。又瞧見紫丁香攀爬在木柵上，梨花一枝春帶雨，迎風搖曳的黃的白的水仙花，還有黃澄澄的迎春花，朵朵鋪在草坪上的黃色蒲公英。這次第，怎一個「美」字可以形容？今年，四月天還飄著雪花呢？一面想著「人間四月天」，一面又想著我很喜愛的羅蘭女士一本長篇小說「飄雪的春天」。

四月，初見杜鵑花開，帶給我另一種鄉愁。離開台灣已經一年又半載了。「蝴蝶夢中家萬里，杜鵑枝上月三更。」雖不至於有「不如歸去」的感嘆，但是夢裡不知身是客。在美國 long stay，我享受到了四季的協奏曲，四季風情各有情趣。但是，鄉關何處是？台灣的台中，家縈繞於心，雙親永眠台中東海墓園，那才是我永遠的故鄉啊！

在美國春天的洗禮中，最令我驚喜的是花團錦簇的木蘭花。乍看以為是櫻花，細看則覺木蘭花高大壯麗，有著剛柔兼具之美。幾度徘徊教堂外的木蘭花叢下，攝取一張張的美照。粉紅、深紅與教堂的尖塔，白色十字架，還有藍天白雲相映襯，有著超俗之美。而柔細優雅的櫻花，在日本古寺相映之下，散發著柔美的思古之幽情。若說櫻花是穿著和服的撐著紅傘，踩著碎步的婉約女子，那麼木蘭花則是灑脫磊落，開朗大方的美國姑娘啊！在美國，我閱讀了數本英文小說，才知木蘭花象徵著女性的情誼。堅定不渝的情感，亦是所謂的「閨密」會。多年前有部美國女性電影：Magnolias（原名），台灣譯為「鋼木蘭」。電影描述一群不同階層的女性，如何一起走過人生的悲歡歲月，感人至深。

漫步在家家户户的Sidewalk，花香草香，撲鼻而來，有暗香盈袖。沁涼的空氣，微風輕拂著，猶如置身「翠堤春曉」的氛圍，舞著浪漫的春天華爾滋圓舞曲。偶而，迎來一抹微笑，寒暄數語：「Have a good day.You,too.」

一股溫馨盈溢。而微笑，乃是「A universal language」不是嗎？

煙雨濛濛，雖處於異鄉，古典情懷不時盪漾。此情此景與江南煙雨有異曲同工之妙。「綠楊煙外曉寒輕，紅杏枝頭春意鬧。」遙想遠在彼岸的台灣，豈不也是春和景明，春意盎然嗎？

夏日的風情，美國、台灣、日本甚至神州大陸，更有相似之處吧！年輕時的我，溪頭一直是我的夢之林，蔥蔥鬱鬱的孟宗竹林，有俠與柔之美。小徑漫遊，忘卻塵俗。阿里山的日出與雲海，讓我三度拜訪。世界名曲「高山青」，更是高山長青，綠水長繞。高山流水，是人間絕美畫面。二〇一〇年初訪江南，終於一睹西湖芳容。六月初，翠綠的楊柳隨風擺舞，如絲如縷，如千年的情絲，讓我且驚且喜，且讚且嘆。蘇堤、白堤，多少的文人雅士。楊柳岸，曉風殘月，是如此嗎？白娘子的傳奇，梁祝的十八相送，斷橋殘雪，正是這個寫照嗎？三潭印月，夏日荷塘，遠山眺望。真的是西湖與西子，風光、人面兩相宜啊！

旅居美國，深深感受其天寬地闊，蒼松翠樹（太多不知名的樹），古木參天，有如行走翠微中。更常見美麗的房子，就在綠蔭深處「庭院深深深幾許」。不知何方隱士生活在此「仙境」裡？捕捉到奔竄的小松鼠，煞是可愛。於海灣畔，更常見水鳥棲息於草地，或翱翔天際，悠游水中。親炙這些小生命，悸動不已。昔日，我是純粹地「迷路只為花開」的女子，如今又領略了生命的躍動之美。

台灣的集集大山、馬拉邦山是我登山的初體驗。最難忘的是溪阿縱走，皓月當空，披星戴月，「明月松間照，清泉石上流」，詩情畫意，就在眼前！

美國的夏日，因為樹多，到處都是小森林、小池塘，天光雲影，長相左右。「山中松子落，燈下草蟲鳴」，也是可意會亦可言傳的。但真正教我「震撼」的是「美國的天空」，原來天空之城不是科幻電影啊！湛藍的天空和變化無窮的白雲，有時雲捲雲舒，有時一大片的白雲似乎是一座座的島嶼，被周遭的海洋包圍著。藍天、白雲、綠地，有時我誤以為天地為之 upside down 呢！彷佛真有「白雲的故鄉」召喚你我。是呀！我想「問白雲」，「雲河」在何處？走在步道上，「白雲長在天」，令我更加懷念鳳飛飛了。「我是一片雲，天空是我家，朝迎旭日昇，暮送夕陽下……」自在又瀟灑的她如鳳飛走了！夏日的夕陽，九點多才緩緩落下。淡紅、深紅、胭脂紅與眼前的綠地毯，如何作別西天的雲彩呢？我終於體會到了徐志摩的「再別康橋」會成為永恆的印記了。這絢麗燦爛的夕陽、草浪，豈是一個「美」字可以形容呢？

二〇〇九年的秋天，闖入了四國（日本）的奇幻世界。鋪天蓋地的楓紅，還有絲絲如柳絮的雪花灑在黃色的銀杏樹梢，編織了綺麗的「秋天的童話」。搭著纜車，瞧見滿山滿谷的楓紅，橙黃、黃色、紅色、淡紅、深紅、深褐，不同的色彩交織成的披錦，真是美不勝收。在瀨戶內海的小豆島寒霞溪，享受了心靈的秋之饗宴，心中只有「好美」的驚嘆號。楓林小徑徘徊復徘徊，數大便是美。之後，行走於空中楓之迴廊，牡丹園中的一株株楓樹，皆成為停格的畫面。真是片片楓葉片片情，誰在秋天撿到我的心？不禁心馳神搖，逕自浪漫起來了。遺憾美麗總是短暫的，七天之後就告別了醉人的「楓景」。

這兩三年，久居美國，在漫長的九月天、十月天，雖獨在異鄉為異客，但我是「暫時」的歸人，不是匆匆的過客。我是尋尋覓覓秋的芳蹤的歸人。因為「慢活」，更能輕緩地、悠閒地用心觀照楓葉的魅力。

而似乎那篇膾炙人口的「秋聲賦」流淌於心湖中「停車坐愛楓林晚，霜葉紅於二月花」，在美國兩度與楓紅時節有著驚艷的邂逅。一次在Maryland海灣畔。我悄然靜坐於如傘狀的楓葉下，眼前是秋水長天，波光粼粼，四周寂靜無聲，遠處有白帆點點。而楓葉以最美的姿勢，和我相伴。我知道了「幸福」的滋味。不被外物，不被喧嘩所干擾，獨自徜徉在大自然中。秋水共長天一色，落霞與孤鶩齊飛。白色的蘆葦在堤岸邊，迎風招展。如許地動人！閉目冥想，彷彿進入夢幻中般的彩虹世界。另一次在Michigan。在此，秋天以一條條楓紅大道，迤邐而來，層次分明的色澤令人目不暇給。一步一回首，相機照個不停。偶然秋雨輕落，秋風拂過，滿徑楓葉紅不掃。楓葉堆積，我總是俯身撿拾，不忍踩踏，只為挽留她們美麗的容顏。如何讓我遇見妳，在妳最美的時刻，將片片楓葉，小心翼翼地夾在書本的扉頁上，不許楓葉倏忽間凋零殆盡啊！剎那間，腦海如流轉的唱針，滑到了「寒山寺」——走在長長的寒山寺外牆，黃色的寺牆，三五步就是一首一首的題詩，古雅蘊藉，盡得風流。先到江橋、楓橋，旅人搶著鏡頭，只因張繼這位一生只有一首詩傳世的詩人——「楓橋夜泊」。進得寺門，我才眼前一亮。只見彎彎曲曲的迴廊，皆是不同字體的「楓橋夜泊」，散發出千載的詩情。「月落烏啼霜滿天，江楓漁火對愁眠；姑蘇城外寒山寺，夜半鐘聲到客船。」不禁沉浸於詩的意境，忘了四周來來往往的香客呢！不知在九月十月的寒山寺，又是何等的光景？在楓紅層層的寒山寺，豈不是更能詩情畫意與意境融合為一嗎？回過神來，才痴笑自己是「身在福中不知福」。在秋意深濃的氛圍中，我一遍遍吟唱著：「聽我把春水叫寒，看我把綠葉催黃，誰教秋下一心愁，煙過林野意幽幽……花落紅……紅了楓！」兩度的秋天，楓葉與我亦步亦趨，真不虛此生。生命美好的旅程，也許藏著寂寞，但心靈的充實與澄明，使我陶然共忘機。

三月初，友人來函：「浮萍一帶綠，江面柳色新；沿途看不盡，問君幾時回？」台灣的春神早已悄悄來臨了，而身處北美的我，仍蟄伏在白雪靄靄中呢！雪花片片，紛紛飄落。佇立窗前，後院的松樹，仍披著銀妝呢！「雪深幾許遮望眼」，我能樂在其中呢！夜晚時，聖誕節、新年很多戶人家，火樹銀花，一閃一閃地，而雪地上的星星，如夢之夢……

憶起去年某個冬日，我舉步來到一片雪原，靈光乍現，拿起一根松枝，就在雪地上留下我的手跡。寂靜的白雪，潔白無瑕。「人生到處知何似，應似飛鴻踏雪泥；泥上偶然留指爪，鴻飛哪復計東西？」一種美麗與哀愁交融。然後題上自己的名字。真正體會空寂之美呢！是的，世路如今已慣，了然一身，此心到處悠然。忽見遠處聖誕花叢怒放，驚喜之餘，「紅樓夢」的雪中紅梅，翩然而至。那才是美的極致呢！賈寶玉大雪紛飛之際，披上紅色斗篷，飄然遠去的身影，成為古典小說中的經典畫面。雪中三昧，我在冷風刺骨的冬日，彷彿溫熱的爐火，憑添了暖意。天地蒼茫，如一翦寒梅，在最冷的枝頭綻放，只為伊人飄香？四顧所來徑，雖然沒有一面湖水，卻有小水塘。很想來個「冬禪」呢！「把雲掛好，湖水鋪平，穿上舊袈裟，遠處村家點起一縷炊煙，盤膝坐穩，山乃沉沉入定。」記得美國詩人Frost一首有名的詩作「深夜雪林駐足」。詩人駕著一輛馬車，馬的鈴聲劃破雪夜的寧靜，他來到一片湖水區，很想在此小歇片刻，但遲疑著最後仍然決定繼續趕路。東西方的動與靜，各有其不同與況味。

春有百花，夏有綠林，秋有楓紅，冬有白雪。四季風情畫，是上天的傑作，也是上天賜給我們最美好的禮物。若無閒事掛心頭，便是人間好時節。歲月靜好。在春去秋來中，我體會了淡定、淡泊、淡然的人生三昧。珍惜友誼，珍惜情緣的人生真諦。昨夜西風凋碧樹，浮生千山路，跋涉萬里，寫盡風風雨雨的故事終不悔。我常告訴自己，何不笑看明月清風？眾裡尋他千百度，驀然回首，世間萬事萬物就在燈火闌珊處！

「愛在四季」，是我嚮往的人生最高境界——真、善、美。吾能與大地冥化合而為一，不以物喜，不以己悲。縱使歲月催人老，我仍然要用生命的拐杖，燃燒的心靈，漫行於大地中，尋夢；縱身天涯中，放歌。而春夏秋冬是我生命中最美的樂章。是舒伯特悠揚清幽的「小夜曲」，更是貝多芬歡騰喜悅的「快樂頌」。

我歌、我舞、我見、我聞、我思，故我在。春枝華滿，天心月圓。如斯地美麗，如斯地亙古永恆！

行筆至此，讓我書寫英國浪漫詩人 Wordsworth 幾行發人深省的詩句，與朋友分享共勉之：

Nothing can bring back the glory of flowers：
The splendor on the grass.
We will grieve not,
But find strength in what remains behind.

是的，愛是永不止息；四季的樂章，永不停歇！

二〇一三年五月　寫於美國密西根州

漫遊歐洲四萬里

謝富霖

長久以來，歐洲一直是我夢想中的殿堂。第一次驚艷於歐洲的壯美是在一九八五年的五月。我有幸通過台灣教育部的選拔，參與「績優訓輔人員歐洲教育考察」，一行二十餘人，參訪了歐洲的幾所教育單位，考察它們的環境學風、教育制度、訓輔措施，從而了解其影響及異同。名義上是考察，但附帶的旅遊參觀，還是我們此行的重點。十二天的參訪行程，扣除來回二～三天的飛行時間，實際上的行程不足十天，十天五個國家——英、法、德、瑞、奧，說句實話，說是蜻蜓點水，走馬看花，一點都不為過。雖然浮光掠影，行程匆匆，但是歐洲的優美景致，豐富細緻的文明，依然讓我印象深刻——精雕細琢、莊嚴肅穆的教堂；華麗宏偉金碧輝煌的皇室宮殿；巍峨聳峙於山巔水涯的老舊城堡；琳瑯滿目，收藏豐富的美術館、博物館；嵯峨險峻、頂覆白雪的瑞士峰巒，在在都勾起我遙遠的記憶。旅程中，我一共拍攝了二十餘捲底片，仍意猶未盡。在返台後的一個夜晚，內人與我一齊翻閱赴歐的旅遊照片，歐洲郊野林木湖川，文化氣氛，濃厚醉人，真可說是人間仙境，世外桃源。合上相簿，我語重心長的告訴她：有生之年，我一定帶妳同遊歐洲，再度親臨這座人類偉大的殿堂。

五十一歲那年，我完成了美國六個月的考察進修，回到台灣所服務的學校——埔里高工，由於年資已合乎退休的條件，內人與我決定同時從公職退休，前往紐西蘭與兒子團聚。抵紐後，由於空閒、時間增多，我便著手於旅歐資料的蒐集。我幾乎跑遍了奧克蘭、惠靈頓的圖書館借閱圖書或雜誌，抄錄或影印其中有用的資料，更經常上網搜尋網站，列印出日後可能用得到的訊息資料。我大約每年回台一次，每次約三個月的時間，經常穿梭於埔里、草屯、南投的圖書館，並經常光顧埔里、台中、台北的一些書店，盡可能搜尋在旅遊上能用得上的資料或地圖。八年內，我花在購書或影印方面的開銷，不下二萬元新台幣。

大約在五十歲前后，由於頸椎狹窄，壓迫到神經，我的左手掌及兩腳掌有逐漸酸痳的現象。雖然走路、跑步、運動、駕駛照常無礙，但感覺上已不如往昔靈活。在過完六十歲的生日，我決定將赴歐自駕旅遊的願景付之實現，以免日益退化的體能、健康狀態，妨礙了我的赴歐計劃。

經過詳細的評估，如開銷多寡，體力負荷，方便性與可行性多方面的考量，最后，我決定以購置中古車一輛，全程自駕及露營方式，從事自助旅遊。

幾乎大多數的同事、親友，在得知我們夫婦即將赴歐，從事六個月的自駕旅遊，並採行露營方式，無不搖頭嘆息，皆認為這真是太困難、太冒險，甚至於不可能的事情，因為連年輕人都不敢輕易嘗試，更何況我夫婦倆已同是步入花甲歲月的退休人員。

我個人認為：人生在世，從事任何一種事業或活動，沒有十全十美的；進行任何一種計畫，也不可能毫無風險，萬無一失。說句實話，即使在台灣本島作三、四天的自助旅遊都可能遭遇到意外或困難，更何況是在萬里迢遙的國外，從事長達六個月的自駕遊，並採行露營、自烹方式。面對完全陌生的環境、道路、交通錯綜複雜的大城市，人種、語言、文化背景、風俗習慣完全不同，實在需要「七分大膽，三分瘋狂」。然而，這種大膽、傻勁，並不是暴虎憑河式的魯莽，也不是異想天開式的瘋狂，而是一種經過深思熟慮后的行動展現，需要的是一份堅定不移的信念與決心。

我曾經多次在紐西蘭、澳州或美國、加拿大作數千公里或數萬公里的自駕遊，經常要面對的是嶄新的環境，充滿未知數的明天。自助旅行，就像創業一樣，要面對未來無數的挑戰。走筆至此，我忽然想起壹傳媒的總裁黎智英先生的一段話：創業最重要、最寶貴的資源是一顆充滿希望、熾熱的心，而自助旅遊最大的樂趣則是每天新鮮的風景，對未來無限的憧憬與挑戰。

有人認為，從事境外自助旅遊要有下列幾個條件：一、要懂得一種以上的外語——尤其是英語；二、要有充裕的經濟基礎作後盾；三、要有足夠的閒暇；四、要有充沛的體力。但，我認為最重要的、最不可缺的是，要勇於嘗試，要有付諸行動的決心。事前儘量作妥善的準備與籌劃，但不能有太多的顧慮，遇事再思可矣，凡事三思而後行，則一些不必要的顧慮都會一一浮現，顧慮一多則畏首畏尾一事無成。從媒體的資料上顯示，全台乃至於全中國，不到百分之一的人，敢於嘗試境外自助旅遊，其中最主要的原因，不是開銷的龐大，不是語言的障礙，也不是體力上的不堪負荷，而是習慣於家中的舒適安逸，不敢去面對陌生環境的挑戰。卡內基訓練專家黑幼龍先生曾經在他的《黑幼龍工作與生活的雙贏智慧》這一本書裏，有這麼一段發人深省的話：「夢想加上時間表，就會成為目標，因為缺乏那麼一點勇氣，人類損失了許多才情，懦弱的人因怯於採取第一步行動，而虛度人生」。

為了激勵我此次遠行的勇氣，我還特地翻出已買了很久，卻一直都還沒讀完的一部老書，鼎文書局出版的《徐霞客遊記》，徐霞客，名弘祖，字霞客（1587～1641）一個偉大的文學家、地理學家、旅行探險家。其一生志在考察山川、地理。從弱冠開始，不避風雨虎狼，長年在高山莽原，以山泉解渴，以野果為食，出生入死，踏遍黃山、泰山、普陀、天台、雁蕩、九華、武夷、廬山、華山、武當、五台、衡山……等天下名山。足跡遍歷河北、山東、河南、江蘇、浙江、福建、山西、江西、湖南、廣西、雲南、貴州……等十六個省份。所到之處，尋幽探祕，并詳細考察記錄當地的人文地理，動、植物及各種現象。他尤其對石灰岩地形，進行了深入的研究和記錄，是舉世的第一人。在那個缺乏舟楫，交通極其不便的年代，經常僅憑步行，肩挑簡單行李、衣物，深入位處邊陲省份的莽原叢林，林蔭蔽天，極為原始，人跡罕至，除了少數的當地樵夫、獵人幾乎沒有人到過，沒有任何行旅訊息、資料。盜匪猖獗，野獸橫出，蛇蟲出沒，瘴氣瀰漫。夜晚則宿於山洞、草叢、樹下，餐風宿露，備嚐苦辛，其艱辛危險之程度，與現在的旅遊比起來，十倍、百倍都不止。又曾經被隨行的奴僕背叛，偷走財物，導致糧盡援絕，幾乎喪命荒山。

崇禎十三年（西元一六四〇年），徐霞客在雲南得病，雙足不能行走，由當地的知府用轎子送返江蘇江陰。去世前，矚咐其外甥季孟良整其遊記手稿，包括他所到之處的地理、地質、水文、氣候、植物、農業、礦產、手工業、交通、運輸、名勝古蹟、風土人情，均屬第一手，俱有很高的科學和文學價值的山川水文資料。整整三十餘年，徐霞客一步一腳印，走遍全國山巔水崖，走出了他傳奇的一生，也留下了一部傳世不朽的作品《徐霞客遊記》。

前輩哲人説過：「讀萬卷書，也須行萬里路」；我個人認為：行萬里路更勝於讀萬卷書。萬卷圖書在斗室內便可完成閱讀，而行萬里路則須穿越廣袤大地，奔馳跋涉，披荊斬棘，克服險阻。更何況，萬卷圖書，有可能包含空泛不切實際的理論，謬誤的知識或訊息，廣義的「行萬里路」，不單祇是行的距離，更指的是橫越漫長路程，所經歷的坎坷，這須要膽識配合決心，身體力行去闖蕩，行得遠，看得深，用機智去解決所遭遇的困難，從而增長智慧，累積人生閱歷。

從萌生赴歐自助旅遊的念頭，我經常在考量可能的旅遊方式。搭乘巴士、購買火車聯票、租車、買車，甚至我都曾估算過，簽約標緻、雷諾新車的中長期租賃。我原先的計劃是，以六個月的時間，貫穿整個歐洲（包含俄羅斯、希臘及土耳其），經過我詳細的評估，還是以購置一輛中古的柴油自動車，以自駕的方式為最經濟、最可行的方式。因為，我想參訪最多的城市，旅遊最多的景點。購買火車聯票，我並不熟悉，加之費用也不便宜；搭乘巴士雖較為省錢，但每個人拖著二十公斤的行李找青年旅館，太辛苦了。夏天，是歐洲旅遊的旺季，根據我以往自助旅行的經驗，在適合旅遊的季節裡（六月～十月），青年旅館或背包客旅店（Backpacke's Lodge）往往一宿難求。而旅館、Motel又住不起，因為住宿一晚的價格大約是110歐元起跳，還經常沒有空房。民宿（Guesthouse; Pension）約為八十元一晚，但地方偏遠，不容易找到，是故，為了經濟方面的考量，及解決住宿問題，露營還是我們最佳的選擇。

另外一個我們所考量的是飲食方面的問題。歐洲物價高昂，一個基本的漢堡餐（不含薯條及飲料）其價格為280～380元，你想在不大起眼的小餐廳或路邊小攤吃一餐，起碼得花500～800元，還不一定吃得飽。不單是價格昂貴，還不合口胃。我們中國人習慣熟食米飯或麵食，洋餐速食連吃兩餐就令人倒盡胃口，是故，為了節省開銷及適合口味，我們幾乎全程露營，自我簡單烹調，解決食宿問題。

截止到本書出版之前，坊間似乎很少有旅遊專書介紹長距離的歐洲自駕遊，我只看到了大陸的「廖佳」小姐出版了一本《歐亞遠征》。她是個旅行記者，任職於旅行社，駕駛自己的車子，從中國北京出發，橫跨歐亞兩洲，有許多公私機構贊助其經費及器材，很少採行露營、自炊方式，她的旅行方式與我大不相同。

為了完成歐洲自駕遊的心願，為了出版這本書，這七、八年來，我閱讀、購買了許多歐遊專書及相關地圖、資料；也上網參閱了不少人士的自助遊歐心得，再加上我自己以往在紐、澳、美、加的自助旅行經驗，最後總結出一套較為完整、嶄新、獨特的旅行方式，內容並不是針對某個區域、國家、城市或風景點的介紹，因為這方面的資料坊間所販售的專書、雜誌滿坑滿谷不虞匱乏。而是著重於教人如何以最可行的方式最經濟的成本，去完成高效益、安全或愉快的歐洲自助遊。

我原本計畫以六個月的時間，要遊遍歐洲三十餘國，含蓋俄羅斯、希臘、土耳其，但是，因為車輛保險的問題未能妥善辦理，只好提前結束行程，整裝返國。但內人與我，也覽遊了二十三個國家，六十餘個大城市，沿途所經過的大小城鎮則可能有兩、三千個，總里程數達到三萬八千六百餘公里，假如再加上一次的火車之旅，兩次的連人帶車的輪船之旅，應超過四萬公里。

此次的歐洲自駕遊，我尤其感激內人給我的護持與鼓勵。當我開車時，一路上為我看地圖；當我疲勞時，為我按摩、擦白花油；當我口渴時為我遞上茶水；我們一路上說說笑笑，閒話家常，去除了旅程中的枯寂與無聊；偶而在我極度疲勞時，由她替代駕駛。並且一路上細心的照料我們的生活起居。如三餐的料理；衣服的換洗、晾曬；入住營地後，帳篷的搭設及收拾；每日出發前，車輛、行李的整理都有待費心周詳的打點。

歐洲物價高昂，僅是每天上超市的食材採購就得費盡心思。所謂「巧婦難為無米之炊」，想利用有限的便宜食材，烹調出尚稱可口的食物，就得傷透腦筋。內人一向細心又有耐性，比我樂觀進取，遇到橫逆挫折時，更能以淡定從容的態度，去處理事情，而不至於再橫生更多不必要的枝節。由於內人三個多月來體貼入微的照顧，無怨無悔的付出，終能使艱鉅的歐洲之旅，能圓滿的完成。

走筆於此，我也要感謝，與我們夫婦同遊歐洲三十五天的賴德茂兄賢伉儷。德茂兄年輕有為，精明幹練，擅於烹調，同遊期間，經常可品嘗到他巧手烹製的佳餚。他的駕駛技術優良，在我疲勞時，由他代為駕駛，我可以放心的打個盹，藉之養精蓄銳。他同時又風趣幽默，經常說些生動的葷笑話，來讓大家開懷大笑，提神醒腦。他尤其擅長於行李打包，有他們同行，使我們的行程更加穩定，旅程也更加生動精彩。

旅行是一種最佳的學習。三宅一生——一位享譽全世界的日本服裝設計大師曾說：「旅行，不僅是放鬆，更是他設計的靈感和助力」。誠然，整個宇宙大地，景色旖旎，風光處處，是個無盡藏的寶庫，有待您細心的去挖掘、品味。走筆至此，忽憶起一代文宗蘇東坡的《前赤壁賦》：「惟江上之清風與山間之明月，耳得之而為聲，目遇之而成色，取之無盡，用之不竭」。故古人云：「江山風月，本無常主，得閒便是主人」，而自助旅行，不僅能遍賞人間美景，可以開拓眼界、培養國際觀，更可以在危難險阻的克服歷程中，學會危機處理及獨立判斷的方法，這便是最大的收穫。

走筆至此，我鼓勵與我一樣，即將面臨或已退休的人士，勇敢的走出去，趁著體力還行的時候，多到世界各地走走，開拓胸懷、眼界，留下一些美好經驗，讓人生的後半段精彩充實，才不致辜負人生數十寒暑。

民63年2月中橫畢旅三劍客

因爲有緣所以相遇

——一個圖書館員的平凡之旅

何輝國

一、無心插柳柳成陰

從小對當公教人員即不抱有太大興趣，更想不到會當圖書館員。這可從大學畢業，就棄教從商談起。民國六〇年代，貿易商一窩蜂竄起，只要有一線電話，一個辦公桌，再找個英文秘書就可以當起老闆，所以當時外文系畢業生無論是在國、高中學，或是貿易公司都是非常搶手。結果是選了商界，經過商場幾年打滾之後，從實務中學習而知不足並藉此機緣到日本專攻圖書館情報（資訊）學，順便了解東瀛異國風情。回台前，預先在日本亞東協會登記申請海外留學生回國服務，本想向在台之日本商社求職，前臺灣分館人事室捷足先登同時取得當時青輔會提供回國服務申請名單，來電告知面試，一拍即合，依據教育人員任用條例規定獲聘為編輯，從此就與臺灣分館結了不解之緣。

二、遷館與正名

到館當初，臺灣分館所面臨的兩大問題，一是遷館，一是正名。身為臺灣首座圖書館即日治時期之「臺灣總督府圖書館」，隨著二次戰後，中央政府來臺，幾經更名，原本就是獨立個體的圖書館，據館方前輩表示，當時「臺灣省立臺北圖書館」為了台北市升格院轄市問題，能繼續留在台北市，只好被併入國立中央圖書館之唯一「臺灣分館」。當時圖書館界學者專家就非常關心「臺灣分館」之發展定位問題，提出各種不同看法，其中包括「視障圖書館」、「兒童圖書館」、「婦女圖書館」，以臺灣資料為發展主軸之「臺灣圖書館」等名稱均被搬上檯面，筆者亦曾於民國七十九年被孫館長指派參與新館遷建規劃工作。（詳見國立台灣圖書館整體發展規劃草案／國立臺灣圖書館整體發展規劃作業小組／中華民國七十九年六月）今日國立臺灣圖書館歷經三十多年之艱辛歲月「正名」之路，有幸見證，可欣可賀。

相較於正名，遷建新館早一步於民國九十三年年底實現。遷館之後才真正體會到阮甘納桑圖書館第五定律：圖書館是一成長之有機體（The library is a growing organism）。不只是圖書館在成長，連館員也需跟著成長，一技之長早已不夠用，在時代、環境變遷，組織（館舍）變大，館員不增反減之情況下，將館員一人當三人（含以上）使用。這的確造就館員個個十項全能加上十八般武藝樣樣精通。從前只要學會圖書館採訪、編目、參考、流通等，即可順利做到退休，現在可是今非昔比。以筆者為例，剛進館就被指定先到採編組，歷經採訪、編目、推廣、視聽、閱覽流通、自動化系統，直到進入秘書室要學習的範圍更廣，舉凡核稿、研考、施政計畫、服務規章、服務品質、印信管理、讀者問題等，幾乎可說對全館業務均需有通盤了解。

新館啓用之初，磨合期間所有館員皆繃緊神經，以應付龐大讀者之需求，館舍雖位處中、永和交界，但除了雙和地區百萬民眾暨台北市舊有讀者外，還有來自全國各地讀者，其中包括：大部分讀者均為第一次蒞臨新館，新讀者必須申辦借書（閱）證，方可借書，於是在開館第一週即暴增一萬多名讀者辦證，加上網際網路盛行，一樓大廳大量設置可供檢索上網之電腦五十台，以及視聽業務之軟硬體，電腦軟硬體檢查等等。雖說晚上九點閉館，後續工作經常忙到將近午夜才回到家。回想起以前在私人公司上班時，好像也沒有如此賣力過。因此為了紓解工作壓力，讓我養成每日運動之習慣，同仁們大概都看過我一大早蹦蹦跳跳的「英姿」，上班第一件事就是先鍛鍊好一日所需體力，以應付開館後服務龐大讀者群之問題。

三、讀者問題形形色色

圖書館係提供資訊服務之機構，故館員之最大壓力，來自讀者。個人認為讀者可大致分為理性及非理性讀者兩種。一般百分之 99.9 以上讀者均為理性讀者，僅有極為少數讀者為較為不理性，一般很容易將其歸類為問題讀者。所謂的問題讀者或稱「刁難讀者」（difficult patron）當然是屬於難纏型之讀者。遇到理性讀者所提出問題，以圖書館員之專業即可輕易解決，偶而遇到非理性投訴，仍須以專業應對。就如有些讀者一有問題發生，馬上就要找最高層級負責人（館長），好像都不把基層館員看在眼裡，殊不知真正能服務他們的就是第一線館員。在早期甚至讀者有問題就要求值班館員拿起櫃台分機直撥秘書室要見館長或通話，這其實是不符合標準處理程序的。依照讀者問題處理標準程序，應該是由第一線承辦人先行處理，如無法解決，再請單位主管、秘書（緩衝區）協助處理，再不行最後報請館長裁示，並且儘量以在第一線就能圓滿處理問題為原則。以下是幾個比較特殊實例：

（一）讀者年約六十歲，自稱長期旅居美國，是眾議院議員特別助理，經常與黨政高層府官員吃飯（後來被壹週刊報料他係冒充阿扁總統密使）要求館方給予特別禮遇，否則語帶威脅說他可以隨時面告高層撤換館長。

諸如亂放豪語：「何秘書要不要繼續上班？」以及：「我剛剛去過教育部見部長，部長、司長現正在開會決定撤換館長！」等等。後來證實第一線同仁亦多數遭遇到A讀者類似言語恐嚇。甚至引起檢調單位注意，主動傳喚部份同仁出庭作證，結局雖然是以不起訴處分收場，但A讀者之後卻也變得收斂許多。在此建議對付此類隨意指責、謾罵館員之讀者，館員可答以：「這算是恐嚇（謾罵）吧？你講話的語氣讓我感到不舒服，我拒絕接受！」或「館員也有館員的尊嚴，請你立刻停止謾罵，先把心靜下來，否則我們無法繼續溝通！」以對付非理性之言語。另外為避免遭受後日「莫須有」指控，館員隨身可準備錄音筆錄下雙方對話內容，館方電話系統亦可增設錄音設備，以供後日爭議解決之用。非理性投訴者語氣通常都是來者不善的，對方故意拉高音調，館員心情就容易亢奮，但請千萬不要上當，跟他起舞，讓問題愈顯複雜。此時應保持鎮靜，以「心平氣和」為處理原則，表明無法接受非理性謾罵，以維護公務員自身尊嚴。

（二）讀者疑似「被害妄想症」三十多歲男子，自稱在圖書館內被一群青少年盯上，隨時受到跟蹤，如使用電腦上網時就有人在旁監看內容，出館外用餐時也有小弟出現在餐廳門外監視，讓他覺得心神不寧，好幾次書面、電話投訴，因為提不出有人跟監之具體證據，又涉及個人人身安全威脅，只好請他到中安派出所報案。

（三）讀者好像有「幻聽」，經常來投訴說周遭有人指指點點說他壞話，說他是陰陽人讓他無法專心看書，結果也提不出具體事證，館方只好暫時成了讀者心理諮商師，儘量聽他傾訴，並安撫情緒。

（四）讀者似乎想當館方粉絲，看準現在電子郵件製作簡單，又快速又不用貼郵票，同一問題如：「建議館方星期一不要休館」、幾乎兩三天就來一次，這還不夠，還繼續往上級機構（教育部、行政院、總統府）投書，要求「部長（院長、總統）下令館方星期一不要休館」。幸好依據行政院及所屬各機關處理人民陳情案件要點第十四點第二項規定：「同一事由，經予適當處理，並已明確答復後，而仍一再陳情者。」，亦即處理讀者同一事件連續投書卻無新事證，可不予處理（但仍錄案存參）。基於此項規定，終於解決D讀者不斷重複投書之問題。

其他尚有很多類型讀者問題如：街友於館舍死角寄居，或出現於讀者區，影響其他讀者不堪忍受其體臭；偷竊、性騷擾等等，因限於篇幅，無法一一列舉。惟個人認為「沒有所謂的問題讀者，只有不會處理問題之館員」，只要與讀者保持良好溝通，用心傾聽讀者問題，適時表達同理心，並且不厭其煩解釋使對方了解館方依法行政處理原則，所有讀者問題應皆能圓滿解決。

四、酸甜苦辣 苦盡甘來

回顧此趟圖書館員之旅程，歷經人生各項重要歷練，能平安順利退休，心存感恩，幾點心得，略述如下：

（一）「人在公門好修行」：此生有幸能擔任公職人員，比一般百姓有更多的機會可去服務較多的人，並藉由處理眾多讀者問題過程當中，也得到不少自我成長的機會。

（二）改變飲食習慣：在一個偶然的機會，由葷食改成素食順便戒酒，此一改變不但讓體質更加健康，亦省卻了很多交際應酬所需花費之時間，又身為開車族，亦能確保行車安全。

（三）造就館員及其子女親近圖書好機會：天天在圖書館上班，就像擁有一座知識寶庫，掌握龐大資訊，垂手可得；又幾乎天天均可替子女借還書，從小就可培養小孩閱讀習慣，對將來就學時之學習能力均有助益。

（四）健康無價：為紓解遷館初期工作壓力，進而養成的每日早上運動習慣，至今仍持續維持當中，獲益匪淺。假日偶而還與現職同仁不定期參加登山、健行活動，藉以紓解他們的工作壓力及訓練體力。

（五）在圖書館也能與總統碰面：一般而言，小市民要親自見到大人物之機會並不多，民國九十七年十一月十八日李前總統應慈暉基金會邀請至本館國際會議廳專題演講：「新時代台灣人」，受到鄉親熱烈歡迎，現場座無虛席。緊接著在隔（十二）月十九日馬總統也蒞臨本館國際會議廳主持教育部第十二屆國家講座主持人暨第五十二屆學術獎得獎人頒獎典禮。在短短兩個月內相繼有兩位總統蒞臨本館令人感到非常不可思議。

最近公務員年金改革話題被炒得沸沸揚揚，政府打算溯及既往對已經退休者，大刀闊斧調降退休金，將來退休之生活保障雖然受到威脅，個人感覺還是非常值得，人生之旅，不虛此行。

民62年5月台南竹溪寺

思念的島嶼

——軍郵憶往

廖振卿

思念的島嶼，在我的腦海中盤桓不去。昨夜，它又回到我的夢中。那壯麗的海岸，那雄偉的山巒，還有那兒居住的百姓與國軍弟兄，每一位都是那麼可親可愛……

思念的島嶼，在我的腦海中盤桓不去。多少年了？我已離開它。當年我是如何厭倦它，思忖著時間一到，立即捲起行李走人。想不到如今隨著歲月的沉澱，我卻又積極地想重回它的懷抱。看一看它的風貌，親一親它的土地，甚至吹一吹海風也是好的……

那是怎麼樣的一個島嶼？那個島嶼在哪裡？它與我又有著甚麼關係？

一、心懷忐忑，踏上島嶼

由於服役時沒抽到「金馬獎」，為了彌補這個遺憾，當我進入郵政工作，知道有「軍郵」這項業務，立即申請並前往受訓。經過一段時間等待後，終於派令來了，我被分配到馬祖地區的一個離島。

從台灣基隆港搭船艦出發，經過十幾個小時的大海風浪，終於抵達馬祖列島最大島的南竿島。次日再從南竿島搭乘小型交通船前往，船在海上航行了一個多小時，終於緩緩抵達了目的地——西莒島。這是一個位於閩江口極為偏僻的小島，甚至連地圖上也不容易找到。而我終於歷盡艱辛來了，且要在這裡待上一年。

從下船的青蕃港（現已改名為青帆港）碼頭往上望，啊！好雄偉的山勢。軍郵局就建在半山腰公路旁，我提著行李，沿著石階一級一級往上爬，好不容易終於抵達目的地。

二、島上日月長

在島上服務的日子是極為單調的。上班之餘，除了眺望那無邊無際的海洋，就只能看看書、聽聽音樂卡帶。局屋裡雖有一台老舊電視，因收視極差，甚少開機。戒嚴時期，收音機是違禁品，被查到除了沒收還要受罰！此外，報紙、期刊一個星期才隨船來一次，早已過期。

有時下班後，為了鍛鍊身體，我也沿著環島公路四處走走。島的背風面較和緩，幾處靠海山坡被闢為民居，一些古樸老舊的石瓦屋，參差不齊的散佈在山坡上。迎風面則十分陡峭，岩壁像被刀削般從海面上矗立高聳。看似荒涼無路可通的懸崖峭壁內，其實有國軍弟兄闢築地道、坑洞把守。一根根巨大的礮管，在洞內隨時監視著海面。那是個冷戰的年代，雖已久不聞硝煙味，但也無法放鬆。

三、遙望故國河山感慨多

在島上，碰到假日好天氣，有時我也和同伴登高望遠一番。只要從居住的地方，爬上一段山路，即可抵達島的最高處。此時透過高倍望遠鏡眺望，可以隱約看到對岸的海岸線與漁船，天氣更好時，甚至連房屋、汽車及走動的居民也歷歷可數。

彼時兩岸未通，對岸仍充滿著神秘。雖然從讀書起，大陸地區的歷史與地理常識，我們早已背得滾瓜爛熟，但卻始終無緣一見，更遑論踏上它的土地。而一旦它清清楚楚的呈現在你的眼前，雖然只是透過望遠鏡，且隔著大海尚有一段距離，但內心那種澎湃、激動，卻久久不息。

四、船來忙碌的日子

每星期一班大型交通運補船靠岸時，就是我們一整個星期中最忙碌的日子。

那天下午，局內總動員，至碼頭搶運郵包（一般都有國軍弟兄支援）。回局屋後又趕緊開拆、分揀信件，總是希望在最短的時間內，讓百姓及國軍弟兄早一分鐘拿到他們的東西。

杜甫〈春望〉詩云：「烽火連三月，家書抵萬金。」那個年代，雖然已無戰事，但兩岸仍屬對峙。電話不能隨便打，手機更尚未發明。信件是島上居民和士兵唯一與外面聯絡的管道與精神食糧，顯得尤其重要。經常聽說有連隊官兵，因久無接到愛人或家人的信件而鬧自殺哩！

忙碌的日子從下午搶灘起，一直忙到晚上八、九點所有的信件都被領取一空才結束。過程雖然緊張，但也難掩興奮與滿足。終究，這是一星期中，我們最有成就感的一天。

五、與島上居民的互動

西莒島上共有青蕃（現已改為青帆）、田澳、西坵三個村，每一個村大約都只有三、五十戶住著幾十或百餘人，且大都是小孩、老人與婦女。

年輕人大概都跑到台灣工作謀生了。

郵局上班時間，前來用郵的百姓與國軍兄弟大都是固定的熟面孔，一段時間後大家就像一家人般，邊用郵邊話家常。偶而遇到不識字的老先生或太太前來存、提款，則主動幫他們填單、用印，村民質樸，似乎從來都沒有衍生過什麼問題。

下班時刻，有時也至村裡幾家商店逛逛，買點日常用品等。偶而也在商家內泡泡茶，聽他們說些島上歷年發生過的「重大」案件，諸如逃兵、軍民之間的感情糾紛等等。每次總是聽得津津有味。

在島上服務的一年期間，說快很快，說慢也很慢。在返台休假三次後（每三個月返台休假一星期），我終於「畢業」了。

時間一轉眼又過了將近三十年，三十年是一段不短的歲月，當年在島上認識的那些人那些事，隨著時空的轉變，或許早已完全不同，但我仍深深懷念。

啊！那是個思念的島嶼。

重讀經典文學小說

周瑞娟

讀多了暢銷排行榜的書，突然很想重讀幾本經典文學小說，剛好先生去出長差，一個人飽全家飽，連晚飯都不必做了，除了去散散步，做做運動，閒著也是閒著，於是卯起了勁重讀了幾本經典文學小說。

大學時修過一門「近代美國小說選讀」，授課的是來自加州大學的客座教授，四十幾歲，很酷的一位金髮中年帥哥，教課很風趣。大二、大三那兩年開啓我對文學的賞析，雖然沒有把我造就成什麼人才，但對於「看書」這一回事給了我極大、極舒適的樂趣，使我非常「享受」閱讀。

海明威的小說「老人與海」、「戰地鐘聲」、「戰地春夢」等等都是大家比較熟悉的，但我這次重讀的卻是海明威的「The Sun Also Rises」（中文好像譯成「妾似朝陽又照君」），以前讀中文版時有點疑惑為什麼這樣翻譯，這次重讀英文原著，也許因為住美國久了，英文功力有稍微好一點點，加上上了年紀人生閱歷也多了些，覺得書名這樣翻譯其實還滿貼切的。

這本書是海明威的第一本 Big Novel。他也是第一個採用散文体的方式來寫小說的先驅，這本書裏他以故事的方式成功的描繪出第一次世界大戰後所謂的「迷失的一代 The Lost Generation」。

故事的背景設在一九二〇年的巴黎左岸（Left Bank Paris），男主角 Jake Barens 與移居美國的英國女主角 Brett Ashley 及她的未婚夫一起到巴黎旅遊，每天除了喝醉酒、聊聊天，這一群戰後完全無所事事的美國青年，發展了男女情愛的錯綜交結。書裏的女主角 Brett Ashley 是一個艷光四射、與之所致隨心所欲的女人。這群遊戲人間的迷失的一代後來到西班牙看鬥牛，女主角迷戀上鬥牛士，而捨棄了名門婚約，最後卻被拋棄而身心俱碎的回來。她讓我想起「卡門」，兩個同樣為追求自己心中自認的真愛而跌跌撞撞卻很認真在「生活」的女人。這樣的女人活在每個世代裏，說實在的，我個人還蠻欽佩與欣賞這樣的女人的。海明威這本書把「迷失的一代」多種倫理破產、精神頹敗、現實幻滅、追求不真實愛戀都活靈活現完整的呈現給讀者。

第二本重讀的是哈波・李的 To Kill A Mockingbird（梅崗城的故事）。哈波・李可稱是近代美國小說家最低調的一位作家，梅崗城的故事是她唯一出版的小說，她始終過著神秘而低調的生活。生於一九二六年的她於一九六〇年將她五歲時發生在她家鄉的一件真實事件寫成小說發表，並因此書獲得「普利茲」文學獎的最高榮譽。這本書跟海明威的「Old Man and Sea（老人與海）」以及史坦貝克的「Of Mice and Men（人鼠之間）」並列為美國初、高中學生英文課必讀必考的三本經典文學小說。

故事由一個八、九歲的小女孩眼裏看到的、心中感受到的在她童年時週遭發生的事，由她口中娓娓道來。故事敘述小女孩溫文儒雅、悲天憫人、博學多聞、極具正義感的律師父親怎樣為一個遭受冤獄的黑人辯護。在那種族極端不平等的美國南方，即使陪審團清楚的知道經過醫生診斷後証明被強暴的白人婦女捏造事實，有家庭子女的黑人仍是被指控有罪而判處死刑。在等待上訴的期間甚至被設計槍殺，身中十七槍慘死。這個律師父親如何的固守公義以身教告訴自己的一子一女雖然世間充滿許多偏見，但道德勇氣我們仍需堅持。這本書讀完感覺很「溫暖」，對許多身邊忽略的事重拾樂觀的希望。值得一讀再讀。

接著讀的是約翰・史坦貝克的短篇小說Pearl（珍珠）以及如同史詩般的長篇小說East of Eden（伊甸之東）。史坦貝克的書描寫許多小人物，他的寫作風格極具「悲天憫人」的特質，每次讀他的書都好感動，心漲得滿滿的像牽動全身的每一根神經。

珍珠寫的是一對貧窮的「採珠」夫婦，偶然一次出海採珠時，先生採到了一顆碩大、光澤、品質均為極品的珍珠，有一天他們唯一的孩子被毒蠍咬傷生命垂危，他們去求救城裏唯一的醫生，無奈醫生怕他付不起診療費而拒絕醫治，於是他向好友透露要賣珍珠換錢醫治兒子。不幸的引起了包括醫生在內的不肖之徒的覬覦，三番兩次的加害他們，最後不得已夫妻倆帶著幼子逃亡山區，最終他費盡全力保護兩歲幼子卻慘遭醫生派來的殺手槍殺而亡。夫婦倆千辛萬苦帶著幼子的屍體回到家鄉，這次出海，把孩子與珍珠一起沈落海底。最潔白的珍珠卻引出人性最骯髒的一面。故事情節其實好簡單，但史坦貝克寫得真棒，是非常值得閱讀的經典文學。

至於「伊甸之東」，一本他自傳性的長篇鉅著，寫的是他有智慧的外公「漢彌爾頓」家族與「亞當・翠斯可」家族一生的糾葛。書裏亞當所僱用的中國僕人Lee是一個有胸襟有見識的學者型僕人，卻因時代的背景而無法出人頭地，是作者塑造的極為成功的人物。書中對聖經裏的教義與故事有許多引用，書名「伊甸之東」意有所指，書裏的遣詞用字都用得令人拍案。

我個人「超」喜歡他的作品。去年聖誕節去舊金山看女兒，她還專程帶我去了一趟史坦貝克的故居Salinas Valley以及他寫Cannery Row（罐頭廠街）的蒙特瑞海灣市（City of Monterey Bay）。走在他故居的街頭，在罐頭廠街的舊址前、在蒙特瑞海灣前、在史坦貝克博物館前，我東一張、西一張的猛拍照。那趟旅行圓了我的一個夢。

先生出差回來，問我這一個月在幹嘛？我笑笑說哪有在幹嘛？K書唄！重拾讀大學時期讀文學作品的樂趣，但既不用考試又不需要交報告，太過癮了！

大三關子嶺之夜（這張是老師當年簽名題詞送的喔）

民63年2月中橫畢旅長春吊橋

談「心」

黎明媚

「心」到底是什麼？心除了一般所認知的肉團「心臟」外，就是泛指思維活動的「意識」與「念頭」，這主宰著我們一切的言行舉止，可說影響我們的一生。

世人常說，與好友「交心」、與情人「掏心」、與上司「表心」、與仇人「鬥心」，這都是「心」在作用。從正面來說，做人要有「誠信心」，做學問要有「恆常心」，做事業要有「勇猛心」，做錯事要有「慚愧心」，遇困難要有「堅定心」，遇惱亂要有「忍耐心」，遇緊急時要有「沉著心」，遇羞辱時要有「寬容心」，對人要有「平等心」，對長輩要有「恭敬心」，遇挫折不要「灰心」。至於負面的心則有：嫉妒心、瞋惱心、諂媚心、貪婪心、傲慢心、散亂心、愚癡心、慳吝心、狂妄心、急躁心、無恥心等等。

佛法說：「於一切法，心為善導；若能知心，悉知眾法，種種世法皆由心造。」這強調的就是，萬法唯「心」照。無可諱言，心主導了我們的思維，而我們的所做所為，就是「心」的體現，心促使我們造做一切。簡而言之，好心做好事，壞心做壞事。

一般人常心猿意馬，妄念紛飛，一顆心在「喜、怒、憂、思、悲、恐、驚」中輪轉不停，無法靜止安頓。因此，古聖賢常教我們要「修心」，好讓那顆妄動不安的心，能安靜下來。常言道：「靜、定、安、慮、得」，靜了才能定，定了才能心安，思慮也才能澄明，如此才可深思熟慮，做出正確判斷，判斷對了，才能有所獲得。

佛法的許多經論主要都在教人「調心」，把不正確的心念調整過來，如同將污濁的心擦拭乾淨一般。有一則為人熟知的禪宗公案就在「談心」，此公案述說的是，禪宗五祖弘忍欲傳衣缽時，召告徒眾做偈語以分高下。當時其深受推崇的首席弟子神秀，為了寫偈，終日苦思冥想，好不容易做出一偈，偈曰：「身似菩提樹，心如明鏡台，時時勤拂拭，勿使惹塵埃。」

其他門人看了，大為贊歎。可是五祖看了，卻不發一語。不識字的惠能聽人念此偈後，也請人依其另做一偈，偈曰：「菩提本無樹，明鏡亦非台，本來無一物，何處惹塵埃。」五祖看了十分驚訝，暗中叫好。

從兩位高僧的偈語看來，神秀仍不脫凡夫境界，須時時「調心」去擦拭那顆被塵俗污染的心；而惠能已經超凡入聖，悟到「空解脫」知見，境界明顯更高一籌。因此五祖遂將衣缽密秘傳予惠能，他遂成為名震遐邇的禪宗六祖。

佛法強調「心、佛、眾生」三無差別，所差別的只是那顆心有否被污染。佛法指出，在本質上，每一個眾生的心，皆與佛心無異；只是佛心如日月般澄明，而眾生心被、貪、瞋、痴、慢、疑、憂、悲、驚、恐等惡念及負面情緒，蒙蔽污染得晦暗無光。

我們這些業障深重的凡夫，常被痛苦煩惱纏繞。要如何向神秀學習，時時擦拭那顆污濁的心，將痛苦煩惱消除，使塵盡光生，讓本具的心性顯現。這可不就是我們隨時要做的功課嗎？

拜訪高第的城市

——巴塞隆納（Bacceelona）

謝富霖

世界上知名的教堂很多，諸如英國的西敏寺（Westminster Abbey）及聖保羅主教堂（ST. Paul's Cathedral）、法國巴黎的聖母院（Notre-Dame）、梵蒂岡的聖彼德大教堂（ST.Peter's Dome）、德國的科隆大教堂（Koln Dom）、及烏爾姆（Ulm）的大教堂（Minster）。然而除了建築的精美宏偉之外，假如要論知名度及參觀人數，則西班牙巴塞隆納的聖家堂（Sagrada Famila），應該是首屈一指。

在世界建築史上，聖家堂大教堂應該算得上是一座精緻而怪誕的傳奇，這不僅僅是因為它凝聚著高第的心血，更重要的是從該教堂始建至今仍未完工，其中摻雜著許多離奇的動人故事，更增加幾分傳奇的色彩。

安東尼高第（Antoni Gaudi——1852-1926），出生於雷烏斯（Reus），因其祖先世代是做鍋爐的鐵工，所以天生俱有良好的空間結構能力與雕塑感。因為他從小患有風濕症不良於行，無法與其他小朋友一起玩耍，只能敏銳地觀察大自然，導致他日後成為師法大自然的建築師。十八歲時，高第在父親的鼓勵下，到巴塞隆納的建築學校學習，並從而開拓輝煌燦爛的建築生涯！

一八八五年受一位陶磁實業家「維爾森」之託，為其設計建築一棟避暑山莊，名為「維爾森林之家」（Casa Vicens），從此開始其設計生涯。高第的好友歐塞比奎爾，嘆服於他的天才，委託其設計墓室、酒窖、宅邸、殿堂、小教堂及奎爾個人的花園別墅，讓高第能充分地表現自我，發揮其豐富的想像力。高第在設計這棟住宅公園時，原封不動地以當地山形地物，略為增添並利用建築時所挖下的土石、泥沙為建材，創造出自然生動的感覺，並結合最現代的磁磚馬賽克，拼貼出各種鮮艷造型的題材，巧妙地將古典與現代的建築藝術融合在一起。

他的創造靈感來自於「聖經傳說」、「童話故事」及來自於大自然界的蜂巢、玉米、香菇等各種動植物，天馬行空無所不包。在兩百年前，磁磚尚屬於新式建材，顏色鮮豔華麗，除了少數思想前衛、觀念新穎的建築師，誰也不會甚至於不屑於使用它來做為建材。但高第卻將這種前衛的馬賽克藝術，巧妙地融合在他的古典建築中，真可說橫空出世，空前絕後。

高第在整個大巴塞隆納區，共有十五項建築物，其中有八項被聯合國文教處列為永久世界遺產。這在世界建築史上的確是個奇蹟，稱得上是前無古人後無來者。當然這些建築中，最有名最為人所津津樂道的，還是聖家堂（Sagrada Famila），聖家堂從一九一四年開始建築以來，已整整兩百年，到現在尚未建築完成。兩百年來，他的門徒結合一些理念相同的卓越建築師，依照高第的理念，次第改造興建，務求精益求精。

按照一般傳統，建造如此巨大的一座教堂，應該是出自於當權者的推動，或是來自於宗教界的虔誠信仰。但耐人尋味的是，建造這座教堂的理念，是來自一位名叫「博卡貝拉」的商人，而建築所需要的資金，也是由他帶領的團隊募捐而來。而教堂的設計方案，由建築學校的校長「法蘭西斯科・維利亞爾」來負責。後來，由於資金運用和設計方面的分歧，建築委員會和維利亞爾之間爭吵不斷，維利亞爾辭去主管設計師傅的工作，而由年輕的高第接手。於是，高第辭去其他的工作，搬進這棟建築物的地下室居住，過著與世隔絕的教士生活，全心全意地投入聖家堂的建設工程。

高第最先設計的教堂草圖完成於一九〇六年。由於工程浩大，直到十年以後，高第才做成整個教堂的石膏模型。高第接手維利亞爾小教堂，重新整建整座教堂。大教堂的外牆由砂石築成，被完全設計成彩色。其中三座巨大的外牆中，東面那座是誕生門，是希望的象徵；西面那座代表的是耶穌的感情和死亡；而大教堂最大的一面牆——南牆，則是描繪了基督的偉大與光榮。每面牆都有四個尖塔，象徵耶穌的十二位門徒。中央的尖塔至今未建，是奉獻給世界唯一的救世主——耶穌基督。在它周圍的四座短塔，則是象徵著他的四位福音傳道者——馬大、馬克、路加與約翰。

聖家堂各堂上的尖塔造型，象徵主教的帽子，造型可愛如花，特別引人注目。聖家堂在高第去世時已蓋得相當精美繁複。有人說：「已經這麼棒了！乾脆停止建造，以免造成政府過多的財政負擔。」但，更多的藝術愛好者，則希望能按照高第的原設計將它最後完成，沒有人能知道這個教堂何時能真正完成。八十年？一百年？或兩百年？有人問高第聖家堂的建築這麼精緻，開銷那麼龐大，會不會拖垮西班牙或巴塞隆納的財政？他肯定的回答道：「絕對不會，全世界虔誠的教徒們，及建築藝術的愛好者，將會源源不絕地奉獻他們的心力、金錢，以對聖家堂的支持，來堅定虔誠的信仰。」高第又說：「數十年後，甚至一兩百年後，巴塞隆納會因聖家堂的建築而浴火重生，光芒再現。」果不其然，兩百多年來，每年來自世界各地的觀光客、建築師及建築藝術愛好者，多達數百萬人。巴塞隆納超越首都馬德里（Madrid）成為西班牙乃至整個歐洲最璀璨的明珠。每年為西班牙政府帶來數百億美元的觀光收入。當然這些觀光收入的一部分，也挹注於聖家堂的整建。而高第本人也在逝世前立下遺囑，死後將其住宅出售，以做為修護聖家堂的經費。

一九二五年的一天，在巴塞隆納市區，一個穿著極其平均常的老人，因為視力、視覺及行動的遲緩為電車所撞，因急救無效而與世長辭。人們起初並不知道，這一位外表平凡衣著襤褸的老人，就是全世界建築史上的偉人之一。高第雖然辭世，但對建築界的影響卻無遠弗居，全世界研究高第的書汗牛充棟，所有建築界的學者、建築師，對這位建築藝術界的偉人，都懷著無限的景仰。而哲人已遠，典型夙昔，他的建築藝術至今仍然光芒萬丈，照耀古今。

我在歐洲旅遊時，為了節省開支，很少搭乘一日遊或兩日遊的觀光巴士。然而，巴塞隆納是西班牙的第一大城，更是歐洲的觀光勝地，景點甚多。於是，我們將車子停在停車場，在就近的售票站買了兩張一日的觀光巴士票，每張的票價是二十三塊半的歐元，開始一日遊的巴士觀光。

在歐洲幾乎每個大城市都有一、二日遊的觀光巴士行程，每張票價約在十六至二十六歐元之間，視觀光景點的多寡而定。通常一日遊約二十個景點，二日遊則加倍。票價約在二十三至四十六歐元。算一算，我們買了兩張票，再加上一天的停車費將近二十歐元，當天就花了近七十歐元，並不便宜。

巴塞隆納的觀光巴士景點，共包含六個高第的建築，每個建築的參觀費用為八塊五至十四歐元之間，其中有兩個景點是免費的，那就是聖家堂及奎爾公園（Parque Guell）。因為時間不夠，更為了要節省開支，我們僅參觀這兩處免費景點，其餘的就下車在附近拍照留念。

歐洲每個大城觀光巴士的經營幾乎是大致相同的，遊客可以在任何一個景點下車參觀，每二十分鐘會有一輛同型同顏色的無頂巴士經過，遊客可以憑票在一天內無限次搭乘，這對於市區交通不是很熟悉的，或沒有自備交通工具的旅客，是很好的選擇。

我與內人搭乘觀光巴士，共參觀了下列包括巴塞隆納大主教堂（Bacceelona Cathedral）、卡特蘭音樂表演廳（Pala de la Musica Catalana）、製煙廠（The Chimneys）、巴特羅之家（Casa Batllo）、老港口（The old port）、維爾森之家（Casa Vicens）、市政大廳（Council Chamber in Casa de Ciutat）、

哥倫布紀念館（The monument Columbus）、奎爾宮殿（Palace Guell）、米拉之家（Casa Mila）、聖塔庫盧醫院（Hospital de la Santa creu）、奎爾公園（Park Guell）、世運會場地（Olympic Field）等約二十多個景點。從早上九點開始至下午五點結束。我們返回停車場取車，朝離市區約五十餘公里的露營場地出發，結束整整一天滿滿的行程。

民63年2月中橫畢旅

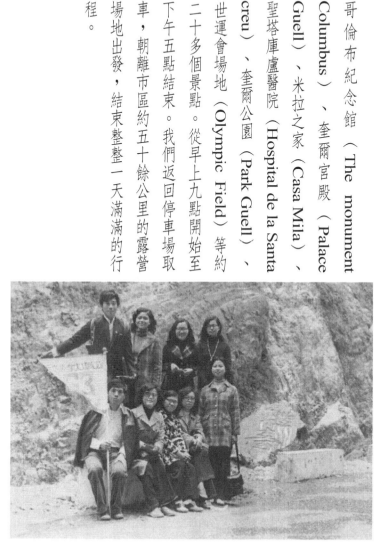

天門山記遊

廖振卿

天門山景區位於湖南省張家界市南方約八公里處，面積廣闊，風景優美，和相鄰不遠的武陵源風景區裡的黃石寨、天子山等，同為旅遊張家界不可或缺必遊的景點。武陵源風景區的美在於其山如一根根天柱，氣勢雄偉，令人稱絕。而天門山的山峰，雖亦有奇峰處處，但其最大的看點，卻是一個兩山相聯之間，洞開的宛如天門的大山洞。此洞位於海拔一千五百餘米的峭壁上，洞高一三一餘米、寬五十七米、深六十米。西元一九九九年，此洞曾因有「穿越天門，飛向二十一世紀」的飛行機特技表演，使其知名度大開，廣為人知。

據史料記載，天門山古稱雲夢山、嵩梁山，是張家界最早被記入史策的名山。三國吳永安年間，此山因地震，忽然峭壁洞開，玄朗如門。吳王孫休接獲報告，認為是祥瑞之兆，遂更名為天門山。

天門山雖距離人類居住的城市不遠，但因其山勢連綿陡峭，古時道路未通，欲前往攀登一探究竟，困難重重。近些年來，因大力發展觀光，進山的公路等設施皆已完備，欲前往觀光變得輕而易舉。

首先，我們來到市區內的索道站，大家井然有序的排隊搭乘纜車。纜車全長七四五五米，是全世界最長的登山索道。中間僅停兩站，即中站和終點站。中站在山腰，下纜車後再轉乘景區公車可至天門

驚險萬分的天空步道

洞參觀。終點站在山頂，下纜車後可在面積廣闊的山上漫步、賞景。

纜車緩緩啓動了，首先穿越過市區道路、屋頂，朝山腳下奔去。不久來到山腳下，由纜車上下望，一片沃野平疇，古樸民宅散佈其間。纜車續往前奔去，突然迅速拉高、拉高，一直拉高，啊！眼睛往下望，我們已處身於高空中，腳底下是萬丈深淵的森森林木，令人膽顫心驚。眼看著我們乘坐的纜車一直拉高，就要碰觸到迎面山壁，卻突然一個轉身，已輕輕越過。又持續下降往另一個深谷探底、探底。不久又拉高、拉高。在高空中仰望群山孤峰頂上，矗立的一座座高聳基架，我真不知那些萬斤重的鐵架，當初是怎麼克服重重萬難安裝上去的？

纜車持續往上拉高，啊！一團雲霧襲來，竟把我們的纜車吞噬。我們陷身虛無飄渺之中，好似騰雲駕霧，內心卻感覺有些迷茫、不安。正待開口呼救時，纜車一個轉身，已脫離雲霧進站了。我們終於抵達山頂，費時約半個多鐘頭。

天門山頂上，沿著懸崖絕壁凌空修築了一條鬼谷棧道，人行其間，既感驚險萬分，卻也覺得風景絕美。走著走著，來到一處「玻璃棧道」區，只見萬丈深淵就在透明的腳底下，每邁出一步都是困難重重，既危險又刺激，大家驚呼連連。幸好全體最後都「有驚無險」通過。

遊完「天空步道」，我們又來到纜車站乘坐纜車到中站，下了纜車續搭景區公車往山頂，欲一窺天門洞的奧祕。由纜車中站至天門洞，直線距離不到十一公里，卻因山勢陡峭，公路開得彎彎曲曲，千迴百轉。其一百八十度大轉彎處，竟達九十九處之多。我們的車子不斷盤旋而上，從山頂上望著我們的來時路，彷彿飛龍盤旋，直達天際，令人嘆為觀止。車子費時半個多鐘頭，終於「氣喘噓噓」的抵達天門洞之山腳下廣場。

台客攝於天門洞山腳下

從廣場上抬頭仰望天門洞，一個約略長方形的透明洞體，洞的上方被白雲罩住，看不清楚整體輪廓。而欲登到洞頂，需爬九九九個陡峭石階，嚴重考驗著遊客的體力與意志力。很多遊客考量自身情況，僅在廣場上攝影，證明「到此一遊」。有些遊客爬到一半，意志力不夠而放棄。秉著一股好奇心與好勝心，筆者氣喘噓噓，經過幾次略為休息，終於攻頂成功。洞區範圍不是很大，中間開闢了一口池塘，供人許願。另有一處稍為布置的景點供人攝影留念。在洞區範圍可來回觀賞兩邊山腳下風景。而俯視我們剛剛爬上的九九九道台階，像一把天梯懸掛在近乎垂直山壁間，令人嘆服。

張家界天門山之旅，除了遊覽天門洞、天空玻璃棧道，搭乘世界上最長纜車，另也在前一晚於天門山腳下，欣賞了一齣以時景山水為背景的「天門狐仙秀」，真感不虛此行。

二〇一三年九月十一日

韭菜合子

周瑞娟

鄰居太太要出門旅行一陣子，拜託我有事沒事到她家四週張望巡邏，她已向郵局申請了「暫停送信」的服務，我只要去幫她把那些丟投在她家前院草地上的社區免費報紙或偶爾夾在門上的廣告傳單撿起來。沿著她前院車庫的牆邊種了滿滿一大畦的韭菜，前一陣子連日的細雨使得她那畦韭菜長得蓬勃茂盛，綠油油的。臨走，她跟我說叫我隨時去摘取，她說韭菜越割越長。

不知道為什麼這麼好種的韭菜我就是種不起來，朋友及鄰居都給過我一叢連根的韭菜讓我自己栽種，活是活下來了，但既不向四方擴展成片而且根根細細的像筆心各自獨立。每次想自己包韭菜餃子或做韭菜合子都得去中國超市買或去向朋友「賴皮」。但超市買的不知道是不是因為擺久了總是不香又老老的，總沒有朋友家種的香嫩。也因此，在空巢以後已許久不曾再做韭菜合子。

在鄰居在的前院「兜」了幾天，想到女兒要回家過節，親手和麵調餡做的韭菜合子是兒女的最愛之一，趁著去「守望相助」，「不客氣」的蹲在鄰居的車庫旁剪了好大的一把韭菜回家。

剪回家，把它攤在桌面上整理，開著電視讓有一搭沒一搭的聲音陪伴著自己，去除老的根葉，把長得很像韭菜在那裏混淆長相的雜草丟棄，這樣七搞八搞也弄掉了一個多小時。洗乾淨、瀝乾水、切碎拌入已泡軟的細粉絲、凍豆腐、蝦仁，調些味，內餡就完成了。女兒自從上了大學就不再吃任何肉類，偶爾吃些魚蝦貝類，所以內餡就不加任何碎肉。把已「醒」好的麵糰一顆顆的桿開，不一定都是中央厚些四週薄些的圓型，只要裹得起來放進去的餡不會四處流竄就可以了，自家人吃賣相不重要，好吃比較要緊。一個個胖嘟嘟的站在大盤子上，全部做好以後把它們擺進冷凍庫，等冰硬了就一個一小袋裝好，等女兒回家，想吃，隨時可以煎給她吃。

感恩節，兒子當班沒得回家，新手醫生總是得當人家不當的班，這條「濟世救人」的路實在走得好辛苦。我每次「婦人之仁」時，總想到他一個人從十八歲就在外頭自己照顧自己的學業與生活起居，眼睛都會矇上一層霧，把最深沈的想念埋在心底的最深處。

機場接回女兒，母女歡歡喜喜的同進同出了好幾天。感恩節我們吃韭菜合子配火鍋，突然間來的一個大寒流又陰雨連連的下著，火鍋的熱氣在窗子上形成了濛濛的白霧。一家四口若得團聚該有多好。

吃著韭菜合子，想起了幾年前回台北時兒子的「韭菜合子事件」。因顛倒時差，他大清早起來肚子餓，外婆疼孫，聽到他起來也趕緊起來陪他帶他到巷子口吃早點，眼大肚皮小加上阿媽在旁鼓動，叫了各一碗米漿及豆漿之外又點了一套燒餅油條、一個糯米飯糰、一盤水煎包、一個蛋餅，等到發現還有他最愛吃的韭菜合子時，他已脹到肚皮快撐破了，於是買了一個要帶回家，阿媽堅持要他多買幾個，兒子也堅持只要一個，拉鋸不下最後阿媽屈服只買了一個帶回家。阿媽斬釘截鐵的說外孫跟他客氣，捨不得阿媽花錢多買幾個，難得回台北就要吃個過癮，不管兒子怎麼解說他不是沒吃過韭菜合子而且媽媽也會做；他已經吃得好脹了絕對不是客氣，可是阿媽就是不信。待在台北的那個星期幾乎所有的人都給他買韭菜合子吃。到現在，在天天跟媽媽通的電話裏她仍會叨唸，詢問著兒子什麼時候再回台北，這回她可要讓兒子把韭菜合子吃個過癮了！談何容易呢？回趟家都這麼不容易了。

機場送走女兒，車窗外瑟瑟初冬，不知為什麼卻一直想著杜甫詩句裏的「夜雨剪春韭」，那首把蔬菜入了詩也把想念入了菜的詩。

註：重讀這篇文章，母親已過世百日，眼睛裡禁不住又矇上一層霧氣了。

大三下關子嶺郊遊新營火車站前

孫女淘氣樂無窮

丘孔生

女兒和女婿因教會活動外出兩天，我和妻滿心歡喜搭車北上，照顧剛滿週歲的小孫女，享受含飴弄孫之樂。

當妻子在打理家務或在廚房忙著烹飪時，我負責看顧小比比。她剛學會走路，就橫衝直撞，兩眼如探照燈般到處探索冒險，愈不讓她去的地方，她愈是好奇。

有次我稍不留意，她動作迅速向著廚房禁地直奔而去，還面帶微笑甚是得意。我一個箭步向前攔腰抱住，她卻來個雙手高舉，像尾泥鰍順勢向下滑出，往前爬衝。廚房正是油煙漫佈著，我哪敢怠慢，硬是將她抱回客廳，將廚房門關上。待我轉身之際，她早伸手拿起報紙猛咬，我快速搶走，她手上的報紙已是四分五裂，零散四處，我未及處理，她另隻手又拿起書本往嘴裡猛啃，動作之快令我訝異，心想將來必是位運動好手。這時她門牙縫，嘴角邊，口水直流，望著我笑，我也禁不住笑著吻了下這可愛的小搗蛋。

我想乾脆將她放到嬰兒床，可她卻哭喪著臉，叫聲連連以示抗議。我想做點事暫不理她，真好，不到五分鐘她就靜下來了。我暗自慶幸，小傢伙竟然懂得體諒大人，乖巧呀！十來分過後再去看她時，讓我驚訝不已，她低下頭靜悄悄地努力啃著嬰兒床的護欄木條，將欄木的塗漆一小塊一小塊的啃下來。木條上的塗漆是化學不良物質，有礙健康。我一臉驚恐，她卻怡然自得，一派清純。我拿開三邊她媽媽舖蓋護欄木條的毛巾，赫然發現其他三邊木條早已被啃得斑斑剝剝，都是小比比過去的「輝煌」傑作。我立刻將她嘴巴擦拭乾淨抱她下來。當雙腳一著地，她興奮地發出笑聲，渾身神經都活絡起來，這時不管藤椅底下有多髒，她瞬間整個身子就鑽了進去，看著鼠年出生的小比比，不禁啞然失笑。

我突然靈機一動，放她到床上陪她玩該是無後顧之憂了。其實不然，才過一會兒，她竟出其不意「走」下床來，我搶先攔下，否則她一腳踏空來個倒栽蔥，後果不堪設想，非跌個鼻青臉腫不可。這時剛好電話響起，我得一手抱住她一手接電話，她身子卻不安份地蠕動著，雙手亂抓，電話接一半突然被她按掉斷了線，且把電話搶過來啃。

到了妻子餵她吃粥時間，我才鬆了口氣。可是奇怪，妻餵她吃時她卻搖頭拒吃，我們兩老百思不解，之後妻嘗試用大人用的鋼匙，換下嬰兒用的小湯匙來餵她，她才欣然接受。這麼小就講平等，不會吧？吃的過程中，偶爾將粥噴出來跟你開玩笑，妻數落她幾句，她才收斂認真吃完。有一回，我專注看著電視新聞，小比比在旁默不作聲，待我一回神卻見著她專心啃著遙控器，遙控器有多少細菌呀！我連忙奪過來，只見整隻遙控器猶如水中撈起濕淋淋的，都是她的口水。

隔天下午小比比見著父母回來，高興得直撲過去，我頓時如釋重負，少了和她纏鬥的時刻，但內心還漾著小比比調皮、活潑、可愛神情。尤其闖入廚房禁地驀然回首露出得意微笑的畫面，不時在我腦海浮現。

在回程車上，我和妻決定選個日子再度北上，要看看小傢伙還有什麼可愛的新花樣，我們期待著。

民 62 年 5 月台南秋茂園

民 63 年 2 月畢旅中興新村

優游食林樂趣多

謝富霖

歷史小說家高陽（註一）常說：「三代宮宦，才懂得穿衣吃飯」。誠然，自幼家中食指繁浩，家境清寒，家祖母及家母主理廚房（竈腳），煮飯作菜的目的，僅止於填飽肚子，食材都是挑便宜的買，更無法講究口味。在那種家家清苦，許多人家盤飧不繼的年代，只要能入口的，都覺得好吃，偶而有機會吃拜拜，或跟隨長輩參加親友的喜宴，便覺得是人間無上美味。

俗話說：「窮人家的孩子早當家」，小時候，家父母為了一家生計，在外經營小生意，家兄北上讀師範學校，家姊也外出就業。迫於生活需要，我在國小五年級時，便學會升火煮飯，這是我接觸竈腳的開始。但手法粗糙幼稚，煮出來的東西，僅堪糊口飽肚。

成大畢業後，任教於埔里，認識現在的太太，交往期間，幾次到她家作客。準岳母是客家婦女，精明幹練，擅長廚藝，內人在她母親的調教之下，亦得幾分真傳。我當時暗想：這就是未來我要找的對象。因為，我家族中無一人善於烹調，日後，可補這方面的不足。

婚後，為了激勵內人在廚藝上更上層樓，我總在結婚紀念日或她生日時，送給她一、兩本食譜，美其名是「禮物」，但「醉翁之意，另有他旨」。可惜內人因白天要上班又要兼顧家務，大多束之高閣，看得最多的，還是我本人。有時候心血來潮，照著食譜依樣畫葫蘆，偶而也能糊弄出六、七分像的菜色，倒也其樂無窮。算一算，截止到目前，我所買過的食譜包括川菜、湘菜、上海菜、台菜、客家菜、燒烤、醬汁、滷味、麵食、醃漬、中西甜點、和式料理、越泰料理、民間小吃等，不下兩百本。

「吃」，是一種本能，是一種維持人類生存的基本需求，而美食則是一種文化、一種品味、一種超凡入聖的藝術。欲了解一國的文化，透過飲食往往是個捷徑。飲食之所以是一種文化，是因為任何一個族群都不會僅滿足於生存的基本需求，要進一步的追求生活上的舒適、享受，因而竭盡巧思，累積經驗，更融合異地所傳進來的食材，研究改進，推陳出新，所以文化越久遠，做菜的技巧，飲饌的方式，也就越繁複，這便是廚藝。

自古文人愛美食美酒，我國之騷人墨客善吃擅烹者不乏其人。一代文豪蘇東坡，詞賦名滿天下，其「前、後赤壁賦」及「水調歌頭」累世傳頌，而其「東坡肉」之典故亦名揚四海，傳世不朽。黨國元老譚延闓先生，為湖南才子，一代人傑，二十六歲中進士，授翰林編修，後參與革命，曾任國民政府主席及行政院長，湘菜中的名譜「畏公豆腐」（註二）就是由譚氏所創制。譚氏的同鄉「黃敬臨」為其同科進士，亦為此中翹楚，兩人經常一起宴飲，切磋廚藝。清末廢科舉後，黃氏因仕途蹭蹬，乾脆回湖南家鄉開起餐館，竟成湘菜一代宗師。台灣早年的湘菜名廚彭長貴（註三）即為其徒孫。明代文人李漁的《閒情偶記》雖屬散文小品，然文字慧詰，天機盎然，書中時時展現文人對美酒、美食的衷心嚮往。清代才子袁枚（註四）善尺牘、詩話、小品、隨筆，而令天下文人津津樂道是卻是他的「隨園食單」，坊間廚師奉為圭臬。曹雪芹在他的紅樓夢一共列出了一百九十七道的各式料理，精彩紛呈，製作繁複。曹氏為官宦之後，小時候錦衣玉食，及長家道中落，半生窮愁困頓，這些菜，可能他小時候吃過，或成長後與人交際酬作時嘗過，更可能的是一個落魄文人對於可望而不可即的佳餚。在其著作中，姿意揮灑其想像，顯露出他對於美食的嚮往。清末，以殺慈禧的太監總管安德海名留青史的山東巡輔丁保楨，喜食川菜中的「辣子雞丁」，此菜從此更名為「宮保雞丁」；國畫大師張大千亦喜食「辣子雞丁」，然其作法略有不同，餐館師傅名之為「大千雞」。其他如周作人的「知堂集」、梁實秋的「雅舍談吃」、高陽的「古今食事」、唐魯遜的「南北味」、汪曾祺（註五）的「五味集」、逯耀東（註六）的「大肚能容」、林文月（註七）的「飲膳札記」、唐沙波（註八）的「川味兒」、焦桐（註九）的「台灣味道」、「暴食江湖」，朱振藩（註十）的「識味」、「食味萬千」……等，以上諸位食林奇俠，在他們的著作中，敘述食經、食林軼聞掌故，趣味橫生，巨細靡遺，對我廚藝的提升，稗益良多。

一般說來，經營餐飲業都會選擇人潮匯集的通衢要道，因為人潮即是錢潮。選擇適當的地點營業，的確是餐飲業賺錢的不二法門。但，台灣確實有一些廚藝絕佳的的小型餐館（如永和的「上海小館」、「三分俗氣」），尤其是風味小吃，卻位於小街巷弄、極不顯眼的地方，營業時段卻車水馬龍，一座難求。俗話說：「酒香不怕巷子深」，只要是東西好吃，透過親朋好友口耳相傳，無論達官貴人、貴婦名媛，照樣停車入巷，聞香下馬。我據聞：名模林志玲曾親赴南門市場品嚐一碗五十元的「金峰滷肉飯」。我一向認為：好吃的料理不一定貴，對於那些裝潢奢華，價格高得離譜的餐廳，從來都是敬謝不敏。因為我們吃東西，講求的是東西對胃，適口充腸，而不是花冤枉錢，吃裝潢、吃派頭。宴飲吃飯有幾個禁忌：一、不對胃；二、昂貴；三、不衛生；四、吃不飽；五、同桌之人，話不投機；六、等候時間太長。但，好吃對胃的東西，人人想嘗，為解饞蟲，最後一點，也只好忍耐了。

多年來依照逯耀東、朱振藩、焦桐、胡天蘭、黎智英、蔡瀾、姚舜、梁幼祥諸位食林奇俠著作上的指引，我利用外出公幹、私訪親友的機會，一方面達成任務，另一方面尋幽訪勝，覓食解饞。我尋訪了本省許多家知名的滷肉飯、牛肉麵、羊肉爐、米粉湯、虱目魚粥……等，價格平實，卻風味獨具。在飢腸轆轆的狀態中，找到目的地，大快朵頤一番，確是人間一大樂事。

我們常聽說：「本省有多家餐廳、小吃店就憑著一、兩道菜，招來了萬千食客，日進斗金。」的確，風味獨特的料理，都有下列幾個共同點：食材新鮮、醬料特殊、廚師巧手烹製、火候控制得宜。據聞：大陸內地，那些數代經營的餐館如北平的「砂鍋居」、「六必居」、蘇州的「陸稿薦」（註十一）、南京的「馬祥興」、香港的「鏞記」，都有其烹飪的秘方、竅門，這些秘方、竅門常是傳子不傳女，兒子在析產分家時，最大的資產，是那一鍋百年不變味道的老滷汁。我曾經讀過這樣一個故事。有一位年輕的廚師，在老岳父的餐館中幫忙做菜，老岳父所做的酸辣湯，香辣甘醇，是極為叫座的招牌菜。同樣的食材、同樣的烹法，女婿卻煮不出同樣風味。老岳父有一天揭開謎底，從鍋底下撈出一塊半尺見方的五花肉，以五花肉所燉出的湯汁作湯底，這便是祕訣。

俗話說「久病成醫，食多成廚」食譜看多了，料理吃多了，有時難免心動手癢，想照著食譜或秘方親自下廚，一展所學。偶爾按譜操弄，也能做出像模像樣有滋有味的菜餚，倒也自得其樂。退休後，移居紐西蘭，最主要的工作是帶孫子；除此之外，看看書，寫寫字，種二畦青菜活動筋骨，照著食譜做做菜，替內人及家媳分擔一點廚房工作。奧克蘭中菜餐廳價格不便宜，味道也不正宗。每一次親友來訪，五、六個人用餐，點四、五道菜，動輒花費一百六、七十元紐幣（約四、五千元台幣），還覺得沒吃飽。後來決定親自下廚宴客。通常我會預先擬定十道菜：一道滷菜、二道湯菜、二道燒烤、一道涼拌菜、三道蒸菜，二到三道現炒，只花一半的錢，八到十個人吃得腹飽肚撐，賓主盡歡。可愛的小孫子喜滋滋地吃完一整碗飯，還說：「爺爺做的菜很好吃。」聽到這樣的讚美聲，其成就感、滿足感並不亞於李安拍片得奧斯卡金像獎。

古語云：「飲食、男女，人之大欲存焉。」喜吃、善吃不是罪過，是一個人個性的展現，生命力的發揮。孔老聖人尚且「食不厭精，膾不厭細」、「割不正不食，不得其醬不食」。凡夫俗子如我等，卻深恐人知，以免落得饕餮之名。想必大家都有這樣的經驗，美美地吃過一頓飯，會令人解憂去悶、心曠神怡。我從不諱言好吃、善吃，到各地去旅遊，我除了按圖索驥一飽口福，我也會趁機買些當地的風味小吃、特產回來餽贈親友，也都深獲親友們的激賞。

做菜就像彈鋼琴一樣，要成為一個卓越的鋼琴演奏家，「台前五分鐘，台下十年功」，先天的慧根與後天的努力皆不可少。做菜要做得像傅培梅、梁瓊白、李梅仙、阿基師一樣，出神入化，色、香、味俱全，除了痛下功夫外，還須要有慧根、天分才行。但，學做幾道菜，做得可口入味，卻是人人都做得到的。現在市面上銷售的食譜很多，先選擇困難度不大的菜色，如：回鍋肉、蔥爆羊肉、魚香茄子、宮保雞丁、豆瓣魚、羅宋湯、麻婆豆腐、蕃茄牛肉……等，按譜操弄，把握料理的基本原則、訣竅，每道菜做個三、五次，便能熟能生巧、觸類旁通，甚至於舉一反三，有能力創制新的菜式。我認為要學好烹飪應具備下列幾個條件：

一、**用心**：按照食譜操弄，並上網比較各家食材的差異，用料的多寡、做法的不同。例如：紅燒牛肉麵即有沙茶、豆瓣、醬油、蕃茄、蘿蔔及添加柴魚、味噌或紅麴等不同口味，而伴隨的中藥滷包更是家家不同。我曾經拜訪親嘗幾家由朱振藩、焦桐、姚舜、黎智英、蔡瀾等美食家所推薦的牛肉麵：如台北「永康街牛肉麵」、「桃源街牛肉麵」、「汕頭牛肉麵」、「史家牛肉麵」、台中的「將軍牛肉麵」、文心路的「恩德元」。的確，家家都有特色，不同凡響，要細細地去品味，才能體會到食材、用料、做法的不同。我遍嘗台灣三十餘家知名的紅燒牛肉麵館，並做出自己獨到品味的「川味牛肉麵」，做法如下：

謝記川味牛肉麵

（一）材料：牛腱肉 2000g，蕃茄二個，胡蘿蔔一個（切滾刀塊）洋蔥一個（切碎）老薑六片。

高湯3000cc～4000cc（以雞骨架、豬骨、魚骨熬四～六小時而成）。

滷包一個內含（黨蔘、桂枝、桂皮、小回香、月桂葉、陳皮、丁香、荳蔻、草果、南薑、甘草和狗尾）各適量。

（二）調料：豆瓣醬二～三大匙醬油膏、生抽、精鹽、雞精、冰糖和甘蔗頭各適量。

（三）做法：

牛腱肉切成3cm^3川燙去血水。（川燙兩次，在第二次時加入白花椒粒白杏、老薑數片、蔥段半根、料酒二大匙以去腥）。

蕃茄兩個均切成六小片但不切斷，待水滾後除去外膜以免影響口感。

起油鍋，入油三大匙，入花椒粒一大匙，以小火爆香後去除花椒粒續入八角三～四個爆香後去除，再入洋蔥碎爆香，續入豆瓣醬炒香（用小火燉後傾入川燙好的牛腱拌勻炒香。將做法（三）所有食材倒入一深鍋，並倒入食材三倍量的高湯（約3000cc～4000cc）。

入滷包、紅蘿蔔、蕃茄、薑片調入適量的醬油、冰糖及料酒兩大匙，以大火燒開後轉小火續燉二至三小時。

竅門：

（1）如欲做筋肉各半牛肉麵，牛筋須先燉煮二小時後，再與牛腱一起燉煮。

（2）牛腱肉須切大塊才能含住湯汁，不但好吃，口感亦佳。

（3）選擇好的醬油、豆瓣醬與精製的高湯和適的滷包，是做好紅燒牛肉麵的不二法門。

二、**細心**：到餐館用餐，只要碰到潤脾適胃、口味獨特的菜餚，通常透過觀形、辨色、聞香、品味，大概便可推斷出廚師採用哪些食材？使用哪些調料？以及採行何種烹調方式？有一次，在奧克蘭的一家馬來西亞餐廳宴客，上來了一道藥材鴨。色澤澄黃透亮，極為搶眼；其湯甘鮮馥郁，藥香襲人；鴨肉則細潤豐腴，適口充腸。眾人目露饞光，紛紛下筷。當時，我便細心檢視其食材，並估量其做法：以馬鈴薯泥充填鴨腹，外裹藥材如：黨蔘、當歸、白果、蓮子、紅棗、枸杞、腐竹…等，上籠蒸透（約三～四小時）。回家後，隨即上網打入菜名，搜尋食譜，比較其異同，那麼，這道菜的食材、調料、做法便了然於胸。中式烹調（註十二），博大精深，約有煎、炒、煮、炸、燉、滷、蒸……等二十餘種不同做法。有些美食家如逯耀東、朱振藩、焦桐、舒國治……等，在他們的食經裏，經常會提供一些做菜的特殊竅門，應細心閱讀並詳作筆記，以做為日後的烹調的參考。對於個人廚藝之進境，當大有稗益。

三、**耐心**：通常，試做一道菜，前一、兩次失敗的機率很大。因為食材的比例、醬料的多寡、次序的先後，火候的控制，都難以掌握。我在第一次試作「蚵仔煎」、「五更腸旺」都失敗，因為勾芡時芡汁的比例不對（註十三）。我在第一次製作「客家小炒」時，也是失敗，因為芹菜及蔥段放得太多，導致風味盡失。但，菜燒壞了，也可從中得到教訓，深切地檢討失敗的原因，一再改進、演練，必能水到渠成，功德圓滿。經過兩、三次的操弄，「客家小炒」的正確做法如下：

（1）選擇形狀、厚度適合的魷魚泡約二小時後，與魚身橫切成長四公分，寬半公分的細條備用。五花肉（四分肥六分瘦）半斤、香菇五朵泡軟后切成細條備用。五香豆干四片斜切長條備用。芹菜段二株、香蔥或蒜白一株切段備用。

（2）起油鍋，入五花肉快炒至六、七分熟起鍋備用。續入豆干片斜切長條快炒兩分鐘起鍋備用。再入魷魚及泡軟的蝦米炒香備用。

（3）以餘油將蔥段或蒜白炒香，入芹菜、紅辣椒絲（段）炒香。

（4）續入已起鍋的肉條、豆乾及魷魚、香菇同炒，撒入鹽、醬油、雞精調味，潑入米酒一大匙，即可起鍋裝盤。

訣竅：

食材的用量及入鍋次序的先後，須嚴格遵守。五花肉、魷魚、香菇、豆干須分別炒熟。

這道菜的做法，由二〇一〇年苗栗縣所主辦，全國「客家小炒」比賽榮獲第一名苗栗縣的劉姓阿媽所提供。這道菜的特色是：乾魷魚的焦香，五花肉的油香，再加上蔥蒜或芹菜的蔬菜香。更要注意鹽、醬油的比例，讓它鹹香下飯，才能突顯出客家菜的風味。

在中國十餘種菜系中，我特別鍾情於川菜及客家菜。因此，每有機會造訪客家鄉鎮，我都會刻意去找一家客家餐廳解饞，而點一道「客家小炒」便是用來鑑定這家餐廳水平的最佳方法。

四、追求變化：改變食材或醬料即能變化菜色。例如：紅燒豬腳（蹄膀）即有醬油紅燒、黃豆豬腳、花生豬腳、紅麴豬腳。如改變作菜方，先醃以義式香料或紅酒，後滷、再炸，後烤則為風味不同的德國豬腳。三杯料理則從三杯雞衍生成（兔肉、羊肉、花枝、中卷、豆腐、杏鮑菇——等）不同食材即能變化出不同風味，而其做法卻完全一樣。依據我個人見解：湖南菜的「左宗棠雞」即是變化自川菜的「辣子雞丁」，後者為先醃後炒，而前者則是在中間又加了一道炸的手續。有關「左宗棠雞」有這麼一個故事：有一個夜晚，「彭園」的夥計們正打算關門打烊，時任總統的經國先生，在幾個衛士的陪同下，突然造訪「彭園」要用餐。店內所有珍貴的食材都已用罄，冰箱下層只剩下一包雞腿。有道是「半夜裡進飯館——有啥吃啥」，彭長貴靈機一動，將雞腿燙熟去骨，以生抽、生粉、鹽、糖略醃，沾上粉漿，起油鍋炸熟雞腿，再下蒜末、薑末、乾辣椒、豆瓣、蔥白炒勻再撒上芫荽末、滴入香油，頃刻而成一道改良式「辣子雞丁」，香辣下飯。經國先生連吃兩碗米飯，直呼過癮。並問：「這道菜，怎麼稱呼？我似乎不曾吃過。」為了好聽，彭長貴乃說是當年湘軍名將川陝總督「左宗棠」最愛吃的一道料理「左宗棠雞」。這道菜自此名揚大江南北，成為湘菜名譜。

紐西蘭盛產「酪梨」（avacato）又稱為「牛油果」，「酪梨」是一種富含蛋白質，營養價值很高的一種水果，通常是被用來涼拌沙拉、包壽司或夾土司食用，家人都很喜歡吃。我靈機一動，創製出下列這種菜譜《酪梨焗烤海鮮、三色椒》：

（1）選用已熟成可食的酪梨二、三個，切半對剖，以湯匙挖出果肉，鋪在有洞的盤子上。（因為酪梨在燻烤後會溢出水份，影響口感）

（2）豬里脊 150g，切成 1cmx3cm 長條，鮮蝦仁 100g，分別以鹽、料酒、雞精，少許生粉略醃十五分鐘。

（3）起油鍋，將豬里脊肉推勻過油至六分熟，盛出備用。再滑入蝦仁過油至四分熟，盛出備用。

（4）將過油後的里脊肉及蝦仁分別鋪在酪梨上。（可以再加入燙熟的花枝 80g 則更為可口）

（5）青、紅、黃三色椒各半個，分別切成 1cmx5cm 長條，再鋪於做法（4）上。

（6）最後撒入絲狀的帕米爾遜起司 200g，蒜末、巴西利末各二大匙，放入已預熱 180c 的烤爐內焗烤十二分鐘，即可上桌。食用時可撒入胡椒粉或胡椒鹽拌食。

此道菜雖是西式作法，但卻因加入了里脊肉及蝦仁，所以是中式口味。紅、黃、綠三色椒相間，經焗烤後，色香味俱全。上桌時，頗為搶眼，經常一掃而空，甚受食客歡迎。但是，酪梨有一股特殊的味道，有人不敢吃，可以馬鈴薯、地瓜或南瓜塊代之，但須事先蒸熟或烤熟。

任何一種技藝的學習，都是「知之者，不如好之者；好之者，不如樂之者。」假如你將「烹調」視為一種藝術，以鑽研藝術的心態來從事這項工作，那麼進廚房、拿鍋鏟、切蔥蒜、洗菜切肉、湯湯水水，縱然是細微屑繁瑣，卻也興味無窮。我認為：新時代的好男人，不應當遠庖廚。多年來，我一直抱著學習的態度，以濃厚的興趣來從事廚房工作，愚魯笨拙如我，並不奢望能達到像阿基師、梁瓊白那種藝術化的境界，只期望能在家裡需要宴客時，或內人無暇於廚務時，幫忙做幾道尚稱可口的菜餚，分擔些許家務。但，我的廚藝還僅止於入門階段。我能做幾個菜，是多年來，內人做菜時，我在旁邊打下手，學會了一些料理的基本原則，又經常看食譜、飲饌文學、電視節目中的烹飪教學。也就是說，我這點廚藝是教出來、學出來、練出來的，離登堂入室尚有一大段距離。博大精深的中華廚藝，有近約二十種烹調方式。這些方式，我尚未一一深究。更何況，有些菜式還講究刀功、食雕、拼盤、擺飾；時間、火候的掌控更須長時間的演練，方能拿捏得宜。有一些烹調竅門如同「庖丁解牛」（註十四）、「輪扁語斤」（註十五），只可意會，不可言傳。「台上五分鐘，台下十年功」，廚藝大師們在舉手投足之間，便能做出一道色、香、味俱全的菜式，除了要具備廚藝的慧根，也須要有二、三十年的修為有以致之。

中華料理，源遠流長，全國三十六省（或稱二十五省），各省都有數百道或上千道的菜譜。幾乎天上飛的，地下走的，水中游的都可以拿來當食材，連藥材、鮮花、水果都可入菜。這些都是美食名廚們，慧思展現、匠心獨運的成果。假如，你能花一些功夫，學會其中的二、三十道，那麼，親朋同儕將對你的廚藝刮目相看，稱許為廚中高手。

因為我的職位是校內的一級主管，又有加入了縣內一些社團，加上親戚朋友的紅白喜事，時有應酬。每一次出門應酬，內人總會諄諄告誡：「吃飯少幾口，活到九十九。」的確，餐廳裡，好吃的東西，十之八九多糖、多鹽、多味素、高膽固醇。但美食當前，往往很難控制口腹之欲。我撫著微凸的肚皮，私底下自我調侃：「君子不重則不威，不威則不固。」要減肥，等下輩子吧！

註釋：

註一：高陽：本名許晏駢，浙江杭州人，家學淵源，自幼閑熟文史，國學造詣深厚。早歲曾從事軍旅，退役後專業寫作，著有《清宮系列》、《慈禧系列》、《曹雪芹系列》、《胡雪岩系列》等歷史小說，約一千餘萬字，並曾以《高陽談詩》一書，榮獲中山文學獎，文風雅健，所謂有水井處，便有高陽，為兩岸三地，公認的「清史專家」及「紅學專家」。

註二：「畏公豆腐」：譚延闓，字祖庵，號無畏，人稱「畏公」，湖南省茶陵縣人，為清末翰林，黨國元老，亦為顏體書法名家，有多本字帖傳世。祖庵先生善飲饌，他的鑑賞力高，使得廚師們兢兢業業，不斷地研究改進，因而其烹飪藝術亦獨步全國。祖庵先生逝世之後，他的廚子曹藎臣回到湖南長沙經營餐館，成為湘菜的一代宗師。「畏公豆腐」傳說就是祖庵先生所創：主要的材料雖是極便宜的豆腐，但製作繁複，先將豆腐揉碎蒸熟，再以三斤以上的肥母雞一隻，火腿兩斤，豬肉半斤，干貝四兩，關東口蘑及猴頭菇各五錢，文火熬製六小時而成。

註三：彭長貴：從十三歲起便追隨湘菜宗師曹藎臣（譚延闓的廚師）為曹的衣缽傳人。最初於美國紐約的曼哈頓區開設「彭園湘菜會館」，頗受歡迎。之後，回台開設「彭園」，深受前後兩任蔣總統的激賞，有「御廚」、「國廚」之稱。前後於全台灣開設九家「彭園」，為本省湘菜之始。湘菜名譜「彭園豆腐」、「左宗棠雞」，即為彭長貴所創製。

註四：袁枚：字子才，清代散文小品名家，著有「隨園詩話」、「小倉山房尺牘」、「子不語」、「隨園食單」，後者尤其燴炙人口。

註五：汪曾祺：民國以來有名的散文家、小說家，為沈從文先生之入室弟子，亦擅長飲饌，散文集「五味集」為其美食專著。中國北京師範大學出版《汪曾祺全集》二十餘冊。

註六：逯耀東：歷史學家，美食名家及「中國古食譜」收藏家，專研「中國飲食史」及「秦漢史」，曾任教於台灣大學歷史系及香港「新亞書院」，曾至世界各國蒐羅中國古食譜數百本，並出版飲食掌故專書數本。

註七：林文月：現代學者，亦擅長烹飪，任教於國立台灣大學中文系，譯有《源氏物語》，為《源氏物語》的專家。

註　八：唐少波：重慶市人，美食名家，著有「重慶美食」等川菜食譜多本。

註　九：焦桐：現代美食家，現任教於世新大學，著有《暴食江湖》、《台灣味道》、《完全壯陽食譜》等書。幾年前，成立二魚文化事業」，對於中華飲食文化之推廣，居功厥偉。

註　十：朱振藩：現代美食家，學問博雜，文筆雅健，通天文、地理、風水、面相、棋藝、書法。任教於北部大專院校，並常為社會人士開設各種講座。朱氏為食林奇葩，吃透五湖四海，大江南北，對本省好吃之餐廳瞭若指掌。近年來寫作重點偏於飲饌文學，著有《口無遮攔》、《食味萬千》、《味外之味》、《識味》、《識相》、《真相大白》……等書，大都由麥田出版社出版。

註十一：蘇州「陸稿薦」：清朝蘇州一陸姓人氏所開設的滷味店，原名為「陸家店」。相傳有個夜晚，「陸家店」店門口來了一個老乞丐，除了乞討吃食外，更打算在其屋檐下過夜。昔時，絕大多數的餐館講求衛生及門面，對於上門乞討的乞丐或遊民動輒辱罵驅趕。但「陸家店」的夥計對於睡在門前的老乞丐，並無吆喝驅趕，甚至於還送給他一大碗未賣完的醬肉。老乞丐飽餐一頓後，感激涕零。隔天清晨，老乞丐已不見身影，僅留下一塊睡覺用的破草蓆。夥計只能將這塊草蓆擺進竈內當柴火燒，想不到燒完草蓆後，該店的醬肉香味直衝雲霄，香聞數里，久久不絕，蘇州居民紛紛趕來買肉。從此，「陸家店」的滷味生意冠絕蘇州，累世不衰。相傳，那個老乞丐即是呂洞賓的化身，因蘇州人稱「草蓆」為「稿薦」，乃更改店名為「陸稿薦」。

註十二：中式烹調的方式計有：蒸、炒、燙、煮、炸、涮、灼、煎、烤、燒、爆、溜、燴、煨、燉、熬、燻、煸、泡、漬、滷、焗、燜、熗、醉等二十餘種。

註十三：芶芡時，芡粉與水的比例因菜式的區別而有不同，如：蚵仔煎為一：二；燴式料理為一：三；打滷麵約為一：四；酸辣湯約為一：五。

註十四：「庖丁解牛」典故出自於《莊子——養生主》庖丁為梁惠王之廚師，經常須以刀解牛，其他廚師，少則一個月，多則一年刀子就鈍了，必須更換。而庖丁的刀子，卻可連用十九年而鋒利鋥亮如新，不用換刀。其用刀之法，已趨化境，只可意會，不可言傳。

註十五：「輪扁語斤」典故出自於《莊子》。輪扁是齊桓公時製造車輪的專家，他以製作車輪的原理來向齊桓公說明，大道無形，極其微妙。有時，只能自己體會而無法以文字或語言來描述。

老廖大三下參加高雄茂林山地服務隊與同隊歷史系呂麗卿合影

老廖畢業照與父母及兄長合影

香港兒時記趣

丘孔生

多年後，搭機重返香港，心情顯得格外複雜，也增添幾分期待，飛機在上空緩緩下降之際，難忘的童年往事不由在腦海中浮現。

六十年代的香港，在當時並不是很繁榮富有的地方，但是較早接受西方思想的衝擊；是富賈巨商，販夫走卒及清苦難胞匯集之所。

小時候，家居香港筲箕灣的山腳下，生活雖是清苦，但樂趣無窮。我喜歡沒事跑到遠親開的一家早點排檔當小幫手。店裡主要賣的是豬紅粥（豬血粥）、河粉和油條。記得一大早趕工上班的人潮，一波波湧入店鋪；個個唏哩嘩啦熱鬧地吃著，人聲、碗匙聲、吆喝聲、吵雜聲不絕於耳；可是開工時間一到，人潮霎時退去，剩下的是洗碗碟聲。

店鋪裡的豬紅粥，真可口，但沖豬血的過程不簡單，要沖得適當的時機，適當的水量，拿捏得剛好；煮出來的豬血，放在掌心嫩得晃個不停。腸粉更是滑溜溜，熱騰騰的，上頭灑點芝麻或淋點香油便清香四溢，令人垂涎欲滴。

有時趕著開工的夥伴們常打趣著說：「別吃太快，免得入了肚子還不覺得呢？」而這美食在當時對我們來說，不是常品嘗得到的，至於啃油條的機會倒是大些。

中午過後，店鋪收攤，店裡工人把賣剩的油條擺在後廚房木櫃上頭；我會抬頭窺伺，心中竊喜，乘旁人忙著不留意時，搬個椅子爬上去，伸手摸索，指尖一碰觸到油條，內心興奮不已。拿到手的油條，香味撲鼻。趕快找個隱蔽的地方好好享受一番；油條因過時或隔夜，吃起來真夠勁，又韌又耐啃，那時我才五歲呢？真怕把牙齒都拉掉。

另件趣事是在村落每逢七夕夜晚，花燈處處，如螢火點點，煞是好看。偶見情侶成雙入對，漫步在樹叢間。而鞭炮聲此起彼落，熱鬧非凡。但最能抓住孩子們的心是等候午夜時分的來臨，那興奮的期待一直在心中蘊釀激盪。

住家附近有位虔誠信佛的婆婆，平日獨居一人，吃齋唸佛。但每年七夕午夜，她會準時著一襲墨綠長衫在陽台上出現，在暗夜裡如菩薩般若隱若現。陽台下的孩子們，一見著她就雀躍不已。她微微抬起手來，掌中抓滿一毫錢的硬幣如天女散花般灑落在我們的頭上，痛得過癮，而打在身上那種刺激的感覺真好。連撒三次，孩子們在摸黑的夜裡，你推我擠，你搶我奪，激動得一身汗水。這別開生面的情景，大人看在眼裡，卻也笑在心裡。至於太暗漏檢的硬幣，那就看誰整晚不睡覺起個大早了。隔天獨處時，將錢全掏出攤開，每個硬幣閃爍耀眼，邊數邊笑，樂到極點。

事隔多年，偶向兄姊問起七夕婆婆撒錢的事，總是語焉不詳，至今原委依然是個謎。但我忘不了當時身懷大把零錢，讓我過了好一段逍遙快樂的日子。

香港淺水灣，當時是戲水露營的好地方。叔叔會在炎熱夏日，帶我們一群孩子到那兒打水翻浪。附近亦有紮營露宿的青年人。他們租船出海，就近打撈魚、蝦、蛤、蟹帶回岸邊，尋找塊岩石將它燒得火熱，然後將海鮮放在上頭，再加蓋帆布用沙封好；約十來分，掀開一陣清香霧氣，剛熟的海鮮殼，鮮紅鮮紅，讓你看了垂涎欲滴。剝好的蟹蝦沾上調好的佐料，真是說不出的佳肴美味，分食的滋味格外鮮甜，且袒胸露臂迎著海風，豈是爽字了得，這番別緻的料理與豪情令我念念不忘。

出得赤鱲角機場，但見高樓林立，熙攘人潮，想必重回山城舊地，那般童年歡躍奔馳心情已是不再。世事如夢，猶如電光閃逝，體會之餘，難掩失落之感，趁公差之便走上一趟的念頭就此作罷，只好留待美好的回憶。

大三下蔡國聰家前公園

捷運二、三事

周瑞娟

英文裏的偷聽叫 eavesdropping, eaves 是屋簷，躲在人家的屋簷下聽屋子裏的人對話，所以叫偷聽！記得看過一個電視節目報導有個人專門在 Starbuck 咖啡廳和其它公共場合收集偷聽來的對話進而出了一本書，據說還挺暢銷的。生活裏有許多小故事在我們不經意的對話中流傳出去，而且還有不少人有興趣知道呢！

人氣女作家劉靜娟女士也曾寫過一本書「咱們公開來偷聽」，文章裏是一個帶著讀小學的兒子坐公共汽車卻又擔心自己先下車以後小兒子得自己一個人坐到另一站下車的事。媽媽在公車裏不斷的交待、叮嚀、囑咐兒子一串串的聯絡電話號碼，因為車上人不多，媽媽的音量又夠大，弄得近鄰的乘客不但聽到了完整的母子對話，坐在她前面的一位青年在那個媽媽

「抽考」兒子一組聯絡人的電話號碼時居然也一個數字不差的答對了。是一篇很幽默的生活小故事。

那時「手機」沒那麼普遍，那個孩子萬一到站下車又沒人去接他，不知道他好不容易「背」下的那好幾組電話號碼能產生什麼作用？手機普遍以後「公開來偷聽」的生活小故事也不少，只不過有時得發揮一點「想像力」！

回台北時天天在捷運上來來去去，我搭的車程很長，基本上等於從起站坐到終站。除了經常看到但仍讓我讚嘆不已的上班族小姐「變臉」的技藝超群之外也經常「偷聽」到別人的對話。現在人人都有手機，有些時候捷運車上吵，講話的人大半會提高音量。最常聽到的是：「喂！我現在到了××站了，等一下喔！」帶著可愛尾音的通常是要去赴約的美眉；「我有買蚵仔麵線還有你愛吃的麵包，先把功課做一做。」的通常是剛下班的媽媽；語氣表情都帶著溫柔的年輕男子，想必是正匆匆趕往與女朋友約會的地點。高科技帶來了生活上的許多便捷，但同時也使得我們的生活有了許多方便中的不方便，譬如有時不得不跟一夥陌生人分享自己並不想分享的生活小事。

有次坐捷運回家，坐在我身旁的中年太太從一上車就講著手機，巧的是她跟我一樣坐很多站，坐在我身旁她講話我不聽都不行，又得假裝沒在聽，一開始表情木然東張西望，後來閉眼假寐，事實上句句入耳。她的兒子38歲了在一家汽車製造廠做維修工作（她強調：不是黑手更不是工人），高中畢業，無不良嗜好，不煙不酒，下了班也不跟人家去卡拉OK或「跑吧（bar）、跑叭（party）」，「很乖、很顧家」，這兩個詞她用了好幾次。「唉呀！就是沒女朋友都38了！快把我急死了！」。「什麼？妳女兒也34歲了喔！要不要介紹讓她們彼此認識一下？妳女兒去過花博沒？我兒子還沒去過；找個機會讓他們一起去就當第一次約會。花博很好玩，未來館啊；夢想館啊；名人館啊，我都去過好幾次了！是啊！很難排隊，但我有領殘障手冊不需要排隊，我已經帶過好多人進去看過了。」；我打開眼睛快速的「瞄」了她一眼，肢體沒毛病啊，為什麼領殘障手冊？反正坐車裏「閒著也是閒著」又繼續閉眼偷聽。「沒什麼毛病啦！幾年前心臟做了個小手術所以可以領殘障手冊！妳去過花博沒？要不要我帶妳去？都不用排隊很方便的。別客氣啦！妳可以帶妳女兒來，我帶我兒子去認識、認識嘛！哦！什麼？妳女兒碩士畢業喔！學歷有差，但也沒關係啦！我兒子雖然高中畢業但他很愛看書，下了班都在看書，有自己在進修啦！」；談到這裏好像有點中斷，她「嗯！嗯！嗯！」的光在聽，（我這時開始發揮自己的想像力，想必對方認為學歷懸殊，正想方設法的婉拒）。過了一會兒聽到她說「那妳把妳女兒的手機號碼給我，我也把我兒子的手機號碼給妳，讓他們兩個年輕人自己去聯絡好了！不必先問我兒子了，我說了就算是了。喔？妳得先問問妳女兒喔，那好，妳記得回我電話，別忘了！還有，妳如果要去花博記得打電話給我，我等妳電話。」。關掉手機，我們互望了一眼，她快快的也不知是不是要說給我聽的講了一句：「都34歲了，又是個碩士豈不是更難找對象。」。我當然沒有理由回應偷聽來的對話，當作沒聽見，好在她也到站下車了。

回美國一個多月了，花博也結束了。不知道為什麼這段公開偷聽來的手機對話一直「卡」在我的台北記憶裏。想像著一個心急兒子婚事的媽媽，想像著她不能「放手」的窘境，還有她在公共場所談的私事和家事。

回家以後我把「咱們公開來偷聽」的那篇文章又拿出來重讀了一次。不管科技怎麼發達，有沒有人手一機，在公共場所暢所欲言實在很難令人贊同。所以得時時提醒及教育自己在公共場合得管好自己的音量，長話短說，否則自己的私事、家事大概很難不跟一些不相干的人分享。不過話又說回來，既然有人大聲說了，想不想聽也都聽到了，那咱們也就不妨一起公開來 eavesdropping 吧！

這兩位帥哥是誰？

熱氣球的天空

廖振卿

最近台灣各地興起一股搭乘熱氣球之風，往往見到舉辦會場人山人海，大排長龍。見到熱氣球，不由得令我想起當年旅遊土耳其，在卡帕多起亞城市搭乘熱氣球的情景！

卡帕多起亞位於土耳其中部的安那托利亞高原上，據資料記載，大約數百萬年前，此城的兩座火山同時爆發。火山噴發的岩漿，流滿了整個附近遼闊的土地。此後再經過漫漫時光的風吹日曬雨淋，原本凝固的岩漿逐漸流失，變得千瘡百孔。如此日復一日，年復一年，經過幾百萬年時光的沖刷與洗滌，終於形成了如今我們所看到的景象。荒涼廣闊的原野上，突起一根根似煙囪又似蘑菇的石柱，有的單一挺立，有的數隻並排而起，有的更是漫山遍野密佈。類似煙囪或蘑菇的石柱，有胖有瘦，有高有矮，有大有小，千姿百態，令人看得眼花撩亂，稱奇不已。而乘坐熱氣球就在這一大片奇異的土地上，讓你除了由地面上欣賞這些奇岩怪石外，也由空中從另一個更開闊的角度，全面欣賞它們的美麗。

乘坐熱氣球要看老天的眼色，只要是刮風或下雨天，那麼熱氣球是絕對不能起飛的。即使當天無風無雨，也不見得飛得起來，還要看高空中的氣流強弱而定。另外，乘坐熱氣球一般多利用清晨太陽尚未升起時，因為此時的氣流相對穩定，且在高空中免受陽光幅射之苦。

原本我團早已預定抵達該城次日清晨坐熱氣球。豈知該日早上五點多起來準備，直等到七點多，卻傳來消息，因氣流不穩定，取消一切活動，令大家倍感失望。幸好此時當地導遊表示，他認識一位熱氣球的駕駛員，願代我們溝通，爭取明天一大早升空的機會。果然不久傳來好消息，明天我們還有一線希望。

次日一早六點多，我團一行共二十人已萬事齊備，聚集在旅店大廳等候。七點許終於熱氣球公司派來兩部小巴士，接我們前往。車行約十分鐘抵達公司。先在一間房子內喝茶等候，又過了十餘分鐘，終於小巴士又載我們前往來時途中的馬路旁。此時一艘熱氣球剛剛從天空降下，熱氣球下方的長方型籃子裡還載滿了一群老外。一番折騰，我們終於全數爬上了這個高度約有一百五十公分深的籃子裡。不一會兒駕駛員開始熟練的操作起氣球，不久氣球緩緩升空了。

熱氣球飄啊飄，直往高空上升，不久飄到約三、四十層樓的高度。從乘坐的籃子往下望，啊！腳底下一片奇岩怪石盡收眼底，風景是如此美麗。熱氣球再緩緩的往下降落、降落，啊！簡直伸

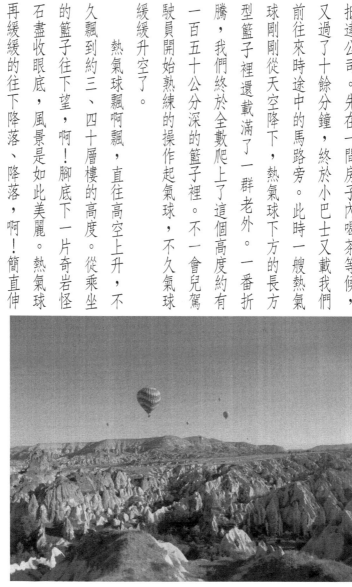

手就可觸及到那原本高不可攀的一根根石柱了，引起大家一陣驚呼！

此時駕駛員又慢慢加大火力，讓熱氣球又緩緩升空、升空，升到約五、六十層樓的高度。啊！離地面越來越遙遠，地面上萬物看起來模模糊糊。此時我們感覺像鷹，飛翔在土耳其的天空，倍感激動與興奮。團隊裡有人不禁高聲唱起歌來：「當我們同在一起……其快樂無比」。有人更激動的向愛人表白：「××，我愛妳，一生一世，永不分離。」惹得大家笑開懷！

熱氣球就這樣上上下下，在一大片廣闊的石灰岩地形上不斷上下飄移、飄移。大約過了一個鐘頭，熱氣球終於緩緩下降至地面，結束了我們幸福的時光。

中橫畢旅松雪樓

搭訕

周瑞娟

——世界上沒有陌生人只有你不認識的人

一、飛機上的涼鞋

現今九十%以上的國內航班都只供應飲料連一包花生米都得自掏腰包。飛去Seattle的機上，鄰座的太太說她剛從地中海遊輪下船，由大巴士載著她們趕飛機，一路都沒機會買東西吃肚子有些餓。我想到自己隨身背包裏有當天剛烤的餅干要帶去給女兒。就拿出來跟她分享。於是我們就聊了起來。

她們夫婦倆才剛從玩了二十幾天的遊輪下船，回家過節。因為滿艙，她先生與她無法相鄰而坐。我問她有沒有試著與人掉換機位？她聳了一下肩說：Na…，在遊輪日夜混在一起，回家又得一起混；四個小時的飛行正好給彼此有個「單身時間」。她說她先生剛退休沒多久就病得歪歪的，輪椅坐了一陣子，好不容易康復了些不用坐輪椅了，所以把握時間趕快出門旅遊。一邊吃著餅干一邊抬起她塗著鮮紅指甲油套在一雙黑色夾腳厚底鞋跟涼鞋給我看。出門那幾天連我們南部的高溫都只有華氏五十度上下，何況她去的是冬季時的歐洲。她說去了二十幾天的地中海國家，原以為氣候會很溫和，去海邊散步的機會肯定不會少，於是只穿了那雙「厚底人字托」涼鞋就出門。那知參加陸地遊覽時還碰到飄雪的天氣。我問她就穿著涼鞋去嗎？她轉了轉鮮紅的腳趾說：「就穿這雙！」。「不冷嗎？」我問她；「冷啊？怎麼不冷？」說完自己一直笑。腦子裏出現了自己想像中一雙塗著鮮紅的腳趾走在白白雪地裏的影像。想想，她真夠瀟灑的。我本想問她「為什麼不就地買雙鞋？」但止住了。一路上有一搭沒一搭的聊著。她告訴我她現在的先生是他死去先生最好的朋友，也寡居好久了。兩人各自的婚姻都有好幾個孩子。這次孩子、孫子共21個都湊齊在她家，所有的親人等著一起過節。休息一個晚上後她就得大煮特煮聖誕及新年大餐。才玩回家只休息一個晚上，可以嗎？我問她。正好她先生走過來探望她，她就跟她先生說：「這位太太做的餅干真好吃，你餓了吧？」。聽她這麼問，我趕緊把收入背包的餅干再拿出來。下機前，兩個人一起謝謝我的 cookie，他們要在西雅圖轉機，不管多累，有家人等著的節日，再辛苦也值得。

相逢無期，但那雙轉著鮮紅腳趾走在白白雪地上的涼鞋卻不知為什麼的老讓我想起那句：「人生幾何？對酒當歌。」。

二、火車上的三明治

在西雅圖搭 AMTRAK 火車到附近一個充滿德國風味的小城去坐雪橇。前兩天因為雪下太大了取消了幾班車次，所以當天我們坐的班次滿座。一家三口無法連座。身旁坐著一位身穿黑色羽絨外套、黑色緊身長褲配上同色長靴約莫三十幾歲左右的女子。這班在晚餐時間發車預計四個小時方可到站的火車上設有的餐車正好在我們前面一節車廂。我們因為事先知道會有這種狀況，臨上車前先在中國城買了晚餐。當其它旅客排著長隊要到前面餐車吃飯或購買三明治時，我們一家三口正把我們香噴噴的中式晚餐遞過來傳過去的分享。當先生把晚飯送過來給我時，女子突然開口對我說：我原本不打算吃的，但是看妳這樣，我只好去買個三明治囉！我當時是覺得她有些唐突，但還是很有風度的對她說：可能這是妳不習慣的「香」味，不過，妳要嚐嚐看嗎？她也不答話，忽地一下站起來去排隊，過了一會買了個三明治回來，坐下來跟我說：其實，吃什麼對我來說都一樣。話匣子一開，聽到了好令人心疼的故事。

九年前，二十歲的她出了一個致命的車禍。命雖撿回來了，但太嚴重的車禍損壞了她太多的神經系統，智力也有些受損。走起路來搖搖擺擺不大能平衡，說話組織能力不健全，反應及表達能力也受影響。更糟的是她喪失了完全的味覺與嗅覺，吃東西完全憑「視覺」與咀嚼食物時所帶出來的「感覺」。她說當她跟別人一起吃東西時她喜歡看到對方吃喝到了好味道的食物飲料時那種享受美味的表情，她完全享受不到食物的香氣與味道所帶出來的滿足感。但是，這一、兩年來我終於又可以獨立了。今天我就是要回家過節，自己一個人喔！說這話時口氣、手勢、表情全像個十四、五歲的女孩。也許前面的路程依然困難重重，但我相信她很努力了，這麼強的求生意志把自己從鬼門關拉回人世重走一遭，不容易啊！

下車時，一片片的雪繼續飄落在已積了厚厚的雪地上，站在車站裏感覺如夢似幻，彷佛自己搭的是「Polar Express」。在白茫茫的雪裏只見一身黑色的她邁著不大平衡的步伐拉著簡單的行李在雪地裏往出站的方向走去。心裏想著「有人來接她嗎？」，腦子裏卻浮出蘇東坡的兩句詩：「泥上偶然留指爪，鴻飛那復計東西」。

三、旅館的麋鹿

旅行的第四天到了美、加邊界上一個依山傍水好美的小城，開著租來的車儘情地把四周美麗的山水收進眼裡、心裏。路旁的空地裏停了好多好多比較像鴨子比較不像天鵝的鳥類。心裏想，不會是像台灣的「養鴨人家」

吧？後來才知道是由加拿大飛來避冬的「喇叭鵝」，好興奮，想起自己好喜歡的美國作家 E.B. White 寫的 The Trumpet Of The Swan，原來喇叭鵝長這個樣，叫聲還真像喇叭聲呢！不虛此行！

女兒預定了一家 Bed & Breakfast 的小旅店，因為有點迷路，比預定 check in 的時間晚了一些，到達時已近黃昏。那是家只有一個獨立房間的 B&B，按了好幾聲門鈴先聽到狗叫，慢吞吞的走出一個慵慵懶懶，在大冷天卻穿著件「小可愛」的中年女人來應門。劈頭一句：你們來晚了！女兒說我送了個簡訊給妳說我們迷路了會遲些到，妳沒收到嗎？她也不答話，打開門，光著腳，步履不穩的走到玄關處，呼出來的氣全是酒味，一直說：來！擁抱一下。左抱一個右抱一個，抱來抱去的就是不談正事，一點也沒要讓我們 check in 的意思。先生說那我們自己把行李搬進去吧！請問房間在哪？說完伸出手去拉門。那女人把雙手一伸開擋住前門說：這是我家！你們不可以進去！我們一怔，地址無誤而且她剛剛才確定我們是房客，那到底是怎麼了？她是醉了有些夾雜不清，但長話短說就是房間是她在車庫旁邊加蓋的一間一房一廳一衛浴的獨立小屋。得從正屋旁的一條上坡小徑開車上去。她說那是個「秘密花園 Secret Garden」只有她才知道在哪兒得她帶路才行。一個大轉身差點從玄關摔下去，三個人七手八腳的扶住了她，請她穿上鞋加件外套帶我們去吧！

她說要自己走透透氣不要坐我們的車，歪歪扭扭走在車子的前頭，不時停下來做交警的手勢，一會兒屈左臂伸直右臂，一會兒反向，在坡度的最高處她停止不走了，做了一個要先生把車窗搖下來的手勢。先生開了所有的車窗探出頭問她：怎麼了？有什麼事？在昏黃的天空下她突然大聲的說：看哪！我是聖誕老人的麋鹿！（Look！ I am Santa's Reindeer！）然後，很令人瞠目結舌的竟然在我們的車子前方像麋鹿一樣忘情地跳躍著（prancing）；一路跳上坡，在轉彎處忽然不見了，突然間她又蹦出來。不遠處的海灣燈光閃閃映著著波光蕩漾，好美的景色，好精緻的小巧獨立屋像極了童話故事裏的「薑餅屋」。才三分鐘不到的車程我們嚇了好幾跳！如果不是風景絕佳真有點招架不住。

怎麼樣？指著她的童話小屋，大門上掛著一個大貝殼，打開門往裏看，佈置得像迪斯奈卡通「小美人魚 Little Mermaid」的房間、浴室。站在小屋門口，她突然抱著我啜泣起來，還說著：妳知道嗎？我是我家八個孩子中的 baby（I am the baby of the 8 children）。把我抱得太緊了，感覺有些尷尬，我輕輕的退後一小步，拍拍她的背說：我相信妳一定是妳們家中最珍貴（the most precious one）。她太醉了，明早清醒時，她會記得前一天黃昏，她跟她的房客有過什麼互動嗎？

是一個年華逐漸老去，「心」卻長不大的女人吧？也許有些什麼樣的心事在這節日氛圍籠罩下被挑起，藉著醉酒就把「才下眉頭，又上心頭」的前塵往事都想起來了吧？

十天的旅行，碰到不少人生的小故事，故事中的人只是旅途偶遇，擦身而過，也許「相逢何必曾相識」，但相逢即是有緣。想起一句話：世界上沒有陌生人，只有你不認識的人（No stranger in the world, only the one you do not know）。

我的學書歷程

謝富霖

我初學書法實由家父啓蒙。家父出生於清寒的家庭，先祖父早逝，家父在九歲時便成孤兒，使得本來就拮据的家境，更形困頓，小二還沒讀完，便輟學至商家當雜役學徒，賺取微薄的薪資以貼補家用。憑著一、兩本漢文尺牘及一部「烏字十五音」（註一）自學，竟也學會斷文識字，還能讀通演義小說，在大多數人皆為文盲的那個年代，也算是粗通文墨。家父自幼性耽書畫，經常以樹枝畫沙、畫地，並偶而以極難得到的紙、墨、筆寫字，更因而謀得一份代戲院書寫廣告文字的工作，久而久之，竟然書法流利。因此，每逢舊曆年臘月，便在家鄉之市集擺攤販售春聯。我小小年紀，就在家父的指導下，幫忙寫些春聯副品，這是我接觸紙筆墨硯的開始。

民國六十三年退役後，應聘至埔里高工任教。某日，得知有位擅長書畫的韓老師，利用週六下午於埔里高中教授書法，埔里鎮內有多位書畫同好向其學習。由於我對書法一向興趣濃厚，乃加入該班學習，忝列門墻。韓師長沂，淡水高中國文科教師退休，腹笥淵博，學養深厚，詩、書、畫、印俱佳，現任台藝大蘇峰男教授，即曾受教於韓師。當時，在韓師的指導下，臨習漢隸《史晨碑》，因為此碑溫潤方整，適於入門。

說句實話，在此之前，我不曾臨過碑帖，書法對我而言，純屬信手塗鴨，野狐參禪，雖然寫得工整流暢，參加比賽也曾得獎，卻流於滑熟甜媚，完全不合書道。在韓師的指導下，研習《史晨碑》一年後，更旁及《乙瑛》、《華山》、《夏承》、《張遷》、《金剛經》」、《石門頌》等二十餘種漢碑；魏碑方面則取法《石門銘》、《鄭文公》、《張黑女》、《張猛龍》、《爨龍顏》、《爨寶子》諸碑。至於清代以降的書法家則仰慕臨摹鄧石如（完白山人）臺靜農、謝宗安、陳其銓、曹秋圃諸位書界前輩，多方購置或影印他們的碑帖，以作為臨摹的參考。

多年來的筆墨耕耘，於潛移默化之中，我深深體會出書法的好處，以及它對我深遠的影響：

一、增進書寫的技巧，體會水墨畫的筆法

當我們雙腳站立，懸腕提筆，以毛筆寫字時，須使用到手指、手腕、小臂、大臂、腰力，甚至以全身之力道以為之，可廣泛的被應用到其他硬筆書法或板書上。我們常說書畫同源，書法的用筆，中鋒、偏鋒、側鋒、乾筆、溼筆、飛白的互用搭配，這些書寫技巧，也正是國畫中的各種筆法，可以說只要能熟悉毛筆的使用，也無形中學會了硬筆、板書與水墨畫中的筆法。

二、提升對藝術的鑑賞力

中國書法是世界上最精致、最完美細膩的平面藝術。歐洲、拉美或亞太地區國家的文字，也都有書法，但不像中國的書法那樣可以呈現各種不同風貌。諸如：行草的飄逸流暢、楷書的端莊方整、隸書的蒼勁古拙、魏

碑的雄強茂密、小篆的工整均衡，大篆（含石鼓、甲骨、金文、史籀、鐘鼎…等）的沉鬱渾樸。據說：國畫大師張大千曾與畢卡索相會於南美，兩人相互切磋東西不同的畫藝。畢卡索在看到張大千於畫後題字落款時，佩服得五體投地，驚訝於中國書法線條之優美。畢卡索對張大千說：假若我能再有數十年的光陰，我願意向你學習書法。誠然，世界上各種雕塑或繪畫均可塗塗抹抹，一再修改，唯獨書法講究一氣呵成。書法所追求的不僅是字體的結構、筆劃的力道、空間的布白、也講求上下均衡、左右呼應，以及通篇的行氣、格局，這些都有待多年的演練與經驗的累積，才能達到藝術化的境界。透過書法的薰陶，必然能提升對於各類藝術的鑑賞力。

三、持志養氣，延年益壽

書法家都長壽，古今皆然。在「人生七十古來稀」的年代，褚遂良、虞世南、顏真卿、武則天、趙子昂、董其昌、文徵明、乾隆、翁同龢、劉墉、鄧石如…等都享壽耄耋；近代如沈尹默、齊白石、啓功、朱玖瑩、莊嚴、秦孝儀、宗孝忱、王北岳、王壯為、謝宗安、王靜芝、臺靜農、曹秋圃⋯等亦都活到八、九十歲，甚至於超過百歲。原因無它，當我們面對明窗淨几、文房四寶，其心情之快逸雖南面王不易。而展視碑帖時，必須去除雜思，凝神靜氣地去了解字體的結構及筆法。而當書寫時，又須講求身心安泰、神閒氣定，以全身之氣力為之，在在都是一種持志養氣的功夫。而少思寡欲，虛寂靜篤正是養生長壽的不二法門。

四、收斂脾氣，涵養性靈

靜坐磨墨，澄心讀帖，皆是懾心養性的功夫。而用來臨寫的教材，又都是唐詩、宋詞的美文嘉句，以至儒、釋、道的義理文章，在在都足以收斂脾氣，涵養性靈。我初任教職時，由於年輕氣盛，心高氣傲，對於教學的壓力、學生的管教、學校同仁的相處、親子關係的處理，或來自於長輩的責難、他人的批評、家人的嘮叨，往往怨氣橫生、心餘力絀。是故，每遇煩瑣之事，積鬱難消，只要讀帖臨池，便頓覺身心舒暢，神馳萬象。書法的研習，使我能夠以淡定從容、樂觀進取的態度來面對這些橫逆與挫折，於是，脾氣、習性改變不少，這都得歸功於書法對性靈的涵養。

「字無千日功」，習書不可躁進，宜先打好根基，立下志向，並遵照典則，循序漸進。書學浩瀚，書道淵深，有如「庖丁解牛」，可意會而不可言傳。以下是我學書三十餘年的心得：

一、**臨帖至爲重要**：古人說：「沒有規距，不能成方圓」，碑帖乃前輩書家們所遺留下來書寫的典則，在臨帖的過程中，可以吸取他們寫字的經驗，容易得到他們用筆的方法，體會字體的結構，便於入門，踏穩腳步。寫字必須將前人法度、個人特性和時代精神，融和一氣，始成家數。

二、**「入門字體」的選擇**：有人主張初學書法者應從篆書入手，尤其是大篆（如金文、甲骨、鍾鼎），因為篆書是中國文字的開始。但也有人認為，應該從唐楷入手，因為楷書人人都懂，易於辨識。個人認為：從篆、隸、楷入門皆可，就是不能一上手便寫行草。韓師一再告誡：必須在篆、隸、楷有一定基礎後，再進而研習行草，否則字體會流於甜熟俗媚，一旦俗氣入骨，則如泥牛入海，萬劫不復。坊間販售春聯者，十之八九沒有篆、隸、楷的基礎，一寫字便是從行草下手，缺乏根底而流於甜熟俗媚，就是這個原因。我個人認為：從漢隸入手，是一種不錯的選擇，因為可以上追漢簡、秦篆而下銜魏碑、唐楷無往而不得利。

三、慎擇名師，慎選入門碑帖：好的書法老師，不僅能教你正確的筆法，也能了解你的性格及缺點，為你指明一條正確的道路，可以縮短初學者在書道上摸索的時間。而選帖如擇師，至為重要。舉例來說：研習隸書，最好從《史晨》或《乙瑛》開始，因為此二碑溫潤敦厚、肅穆端雅，適於入門。進而可學《華山》、《禮器》、《張遷》，最后再參酌《西狹頌》、《石門頌》的古拙放縱，循序漸進方能臻於佳境。許多人學隸，喜歡從《曹全碑》入手，因為這個碑完整的字最多，而且字體端莊秀麗甚為討喜，但據我個人所知，民國以來，寫此碑者甚多，除了胡漢民、彭鴻、周良敦之外，大都流於浮華秀媚而意境俗濁，而隸書的極則卻是古澹高遠、渾樸厚重，與此大相逕庭。

故鄉埔里，有位藝文界人士擅於雕刻，其石雕作品石每每別出心裁，屢獲比賽大獎。此君一生不曾臨帖，入門習書，選定的碑帖，便是黨國元老于右任的標準草書。由於沒有書法基礎，又缺乏人世的歷練與文學的濡養，寫出來的草書，僅有其形而無其神，有道是「畫虎不成反類犬」，歪扭曲折的字劃，充塞滿紙，猶如蚯蚓亂竄。愚意以為：右老腹笥淵博，詩詞俱佳，畢生參與革命，功業彪炳，人世的閱歷極為豐富，又有深厚的魏碑基礎。他的書跡，不僅僅是道德文章、書法功力的展示，更是他一生文治武功、豐富閱歷的呈現，豈是一般學問無根底，書法無基礎，又缺乏人世閱歷的凡夫俗子能夠仿得。就我所知，藝文界中模仿右老書跡者不乏其人，而能得其神髓者，實屬鳳毛麟角。

四、直追「書法根源」

坊間有許多書法班的老師，以自己所寫的字跡影本，來作為學生臨寫的教材，實非明智之舉。古語云：「取法乎上，僅得乎中」更何況是「取法乎中、取法乎下」。譬如：臺靜農先生的隸書古澹高遠，獨邁古今，我們想學他的字體，除了盡量臨習他的真跡外，更應直追他書法的根源《衡方碑》、《楊淮表》、《石門頌》、《龍藏寺碑》。又如我們想臨習謝宗安先生的字，應了解磊翁的隸書受《石門頌》影響最大，而其魏碑則取法於《鄭文公碑》及《石門銘》、《爨寶子》、《爨龍顏》；陳其銓先生的隸書則是得力於《禮器碑》及《張遷碑》。臨習某書家之字，如能直溯其根源，則能取精用宏，事半功倍。

五、「入於其內，出於其外」

：學習任何一體碑帖，先求其像，越像越好，這叫做「入於其內」，然後，再進而僅師其意，而求其不像，這叫做「出於其外」。例如：書法家董陽孜女士，六歲時由其父啓蒙研習顏體，其作品具有很濃厚的顏真卿筆意。董陽孜的書法受《爭座位》、《祭侄稿》、《斐將軍詩》的影響甚深，但其所書作品已大大脫離顏體的框架，而有自己獨特的風貌，卻更為神情馳縱、瀟灑放逸，這便是「入於其內而出於其外」，「入於其內」可能只需二、三年的時間，而「出於其外」很可能需要五到十年。假如一個人一輩子祇臨寫一種碑帖，很可能永遠走不出來。

六、多讀碑帖，多看名家書跡：

《文心雕龍——知音篇》有云：「操

千曲而後曉聲，觀千劍而後識器」，學書亦然。除了多臨摹幾種碑帖打下根基，更應多看碑帖及名家書跡，體會其結構、韻味、行氣、空間布白，也才能了解什麼才是好的書法，如此，才能提高你的鑑賞能力。我目前蒐集購置的古今碑帖，不下四百本，而影印的名家書跡更超過百家。台灣的一些寺廟、書院或古蹟、牌樓（諸如：台北的龍山寺、關子嶺的大仙寺、嘉義的佛光山圓福寺、霧社抗日烈士紀念碑、埔里的地母廟、南投的藍田書院社的——等）都有許多名家的書法鐫刻，我會用相機將那些聯語拍攝下來，以作為臨摹的參考。我曾多次到各縣市的文化中心、故宮、台北的美術館、何創時書法博物館，去參觀書界名家的展覽，其目的都在於開拓眼界，提高鑑賞力，並期能見賢思齊，有朝一日能登堂入室，臻於書家之林。

七、以「儒家道統為本源，以讀書養氣為內蘊」：

一代文宗蘇東坡曾有詩句：「退筆成山未足珍，讀書萬卷始通神。」多讀義理詩書，名詞佳句，藉著心靈之濡養，進而提升書藝之境界，乃千古不易之論。磊翁先生有言：「作書之道要以傾寫個人之性情為最高原則；但培育性情之方，則在平日之讀書養氣。故於臨池之際乃能以氣馭筆，以神奪形」。磊翁更強調：要成為一個真正的書法家，首先要具備的就是渾厚的倫理修養，以此陶養，才能有益藝術的醞釀與提升，唯有文質兼修，有道於胸，仁德兼備，書學方才可貴」。

八、求新求變：書法藝術家，既要學習前人的法度，又要創造自己的風格，即所謂「繼往開來」、「承舊生新」，「繼往」已經是件不容易的事，「開來」則是困難度更高。時下有些年輕人，或自命「前衛」，學習不夠深入，基本的傳統功夫尚未紮實，而急於求新、求變，以致於所寫字跡流離虛浮，不僅無絲毫美感，甚至於流入怪異荒旦，醜陋惡扎。在書法史上，金農之隸書以方筆為主，方中見圓，結構略扁，字體微斜，橫畫粗長，豎畫細短，字形似故意壓扁，古怪奇倔，實乃綜合《華山碑》、《爨寶子》與《天發神讖碑》之筆意而獨成自己之面貌；弘一大師李叔同融合楷書與《金剛經》獨創出溫文儒雅的佛體經文書法；呂佛庭教授則融合唐楷與《金剛經》，亦獨創出另有韻味之書法；謝宗安教授以魏碑中的《二爨》筆意，融合漢隸，創出獨有的「漢魏合體」；奇川師則在一幅字中融合真草、隸、篆各體書法，別出新裁而風貌獨具，這些都是書法上求新、求變的好典範，但先決條件是，要具備有堅實的書法基礎，否則便是離經叛道的野狐禪。

九、「恆心毅力」至為重要：任何技藝的學習，天份、才氣固然相關，而恆心、毅力更不可少。荀子《勸學篇》云：「鍥而不捨，金石可鏤；鍥而捨之，朽木可折」。台語俚俗有一句：「三日沒溜就爬上樹」（註二）。任何技藝的學習，只要停止數天不學，便會覺得荒疏、退步。俄籍小提琴大師 Jascha Heifetz 曾言：「一天不練琴，自己知道；兩天不練琴，樂評家知道；三天不練琴，觀眾知道」。我經常覺得，祇要三、兩週不寫，再寫起字來，便不能心手相應，真所謂「不進則退」。因此，最好每天都能有一個小時以上的練習。「字無千日功」，只要能下定決心，持之以恒，必能有成。

十、歷代之書法論著，有助於書法境界之提升：我個人最常參考的書學論著有項穆的《書法約言》，清朝包世臣的《藝舟雙輯》，康有為的《廣藝舟雙輯》，民初祝嘉的《書學格言疏證》。如包世臣語：「北朝人書，落筆峻而結體莊和，行墨澀而取勢排宕。萬毫齊力故能峻，五指齊力，故能澀」。奇川先生亦有言：「書道之妙，首重臨池；用筆之意，貴能領會體勢為姿，氣韻為神」。「先明其蹟，後悟其神，覃思於轉使之間，默察其疾徐之道，心摩手追，庶得體勢」。以上諸位書家之理論，長久以來都是我拳拳服膺之真理。

十一、以長鋒羊毫練筆力：篆、隸、楷三體，皆宜用長鋒羊毫書寫，才能體會用中鋒用筆、逆入澀進的筆法。初練字時，字之大小宜設定於六到八公分見方，太大、太小都不宜，太大則筆力結構無法掌握；太小則日後放不開。練習到一定程度，則應雙腳站立，提筆懸腕，以全身之力為之，才能達到「筆墨酣濃，力透紙背」的墨象，或行草「左右呼應、飄逸瀟洒」的境界。

十二、以「篆刻」的學養，來提升書法的意境：我個人有一種看法：在書法史或藝壇，凡精於篆刻者亦必擅長於書法，諸如：金冬心、鄧石如、趙之謙、楊沂孫、齊白石、曾農髯、李瑞清、陳師其銓、胡小石、任博悟、王壯為、王北岳、鄧散木、李大木、曾紹杰、臺靜農、江兆申、王王孫、柳炎辰、薛平南、黃嘗銘、朱秀嬰…等，幾乎沒有例外。何也？因為「篆刻」講究中鋒下刀，側鋒取勢，控布局於腕底，縮尺幅於方寸，講求空間布白、上下均衡、左右呼應，而字劃則力求古澹高遠、雄強樸拙，凡此種種，皆為書道的最高原則。我直到最近幾年才體會到這個道理，想學篆刻，曾經報名柳炎辰老師的篆刻班（救國團所舉辦的短期篆刻班），學了一期，發現到自己的眼力、腕力、指力都已不行，只好忍痛放棄，甚覺遺憾。篆刻與書法一樣，都是易學而難精的一門藝術，得下數年乃至於數十年功夫，才能有所成就。不過，假如能學會欣賞篆刻，亦能提升對書法的鑒賞能力，從而提升書法之意境。

十三、研習書法應懂得「虛心受學」，不宜「固步自封」、「閉門造車」：

所謂「獨學而無友，則孤陋而寡聞」，研習書法最好能參加一、兩個書法社團，藉此向前輩請益，與同好共同切磋，以察知自己的缺點。如此才能日日進步，更上層樓。在我家鄉埔里有位教育界的前輩，自幼習書，已有七十餘年的書齡。書桌上擺著兩本字帖，一本是《曹全碑》，另一本是《石門頌》。可是筆下寫的永遠是自己的字體。此君從不與藝文界的人士交遊往來，更從不參觀任何書法展覽。因為他認為那些青壯派的書法家都是後輩，不值一哂。此君寫字飛快，生動流利，完成一幅全開的隸書，四、五十個字，僅需二十分鐘。但稍有書法鑑賞知識的人都可看出，他的筆法大有問題。以楷書的筆法來寫隸書，這可是最大的敗筆。然而，沒有一個書界同好，敢於指明他這個缺點。我另有一位書界學長，與我同時向韓師長沂習書。這位學長，從不臨帖，或是眼睛看著碑帖，寫的卻是自己的字體。筆法怪異，越寫越偏，積重難返，卻到處為人書寫招牌、匾額或題詞，甚至於開班授徒，誤盡後學。以上這樣的例子，在書法界並不少見，實令人扼腕噓唏。

一個真正的書法家，應有虛懷若谷，接受批評的雅量。名書法家沈尹默先生，在二十餘歲時已名震京城，譽滿士林。民初學者陳獨秀先生，為人才高自負，特立獨行，敢憑一支健筆，指摘權貴，臧否時政。有一次在看完沈尹默的書法展後，即當著沈之面提出自己的看法：「你的詩作得不錯，但你的字還不行，其病在骨，不離俗氣」。陳的年紀與沈相當，而書法造詣則離沈甚遠，然而，對於書法卻有相當的鑑賞力。沈尹默絲毫不以為忤，虛心接受他的當面指教，重新從唐楷、漢隸、篆書、石鼓、行草等痛下功夫，經過了幾年的沉潛，其書法的功力更為紮實，境界大為提升，諸體兼備。尤其是他的楷書，雍容大器，行草則俊朗飄逸，在書法界的成就及聲譽，超越了當時絕大多數的名家，而與曾熙、李瑞清、溥心畬、齊白石、于右任、張大千、譚延闓等齊名。

行文至此猶憶三十多年前，奇川先生利用每星期六下午，於當時的台中省立圖書館講授書法，牟文成老師與我常前往聽課，親沐春風。牟老師常面呈書法或篆刻之習作，就教於奇川先生。當時牟老師稍長奇川先生幾歲，然而「聞道有先後，術業有專攻」，牟老師恭立於旁磨墨拉紙，執弟子之禮，而奇川先生則眼觀手批，掎摭利病，知無不言，言無不盡，吾等幸蒙教誨，獲益良多。

奇川先生腹笥淵深，學貫古今，詩、書、畫、印無不精絕，偶而也會應學生們的請求，當眾揮毫。奇川先生喜以《禮器碑》或篆書筆意作擘窠大字，筆酣墨暢，大氣磅礴，而有幸求得墨寶者無不歡欣雀躍，珍若拱璧。余當時，初列門牆，無緣求得隻字片言，至今，仍深以為憾。緬懷先師，哲人已遠，而精湛書藝，震爍書壇，仰之彌高而無限吁噓。

二〇一〇年春月，余不揣自陋，於埔里鎮藝文中心舉辦國內首次書法個展（在紐西蘭已舉辦過兩次）。陳理事長輔弼兄親臨會場參觀指教，並不吝給予勛勉。我自認，資質駑鈍，賦性疏懶，常因俗務纏身而荒疏書藝，驟蒙謬譽，頗覺汗顏。加入弘道書會，長久以來一直是我的願望，因為此會自奇川師創會以來，人才濟濟，聲譽鵲起，為國內書道社團中的翹楚，會中的多位書界前輩，都是我學習請益的的對象。而入會後每年的參展，更是鞭促我提升書藝的動力，我於書法個展後申請入會，蒙輔弼兄引荐得以進入弘道書會，日後將會有很好的機會向會內的書界前輩們請益學習，期能百尺竿頭，更上層樓。

先師韓長沂先生嘗言：「有聽說過五年的畫家，沒聽說過有十年的書法家」。書法的學習，是一條漫長的道路，甚至於，是一生的志業，假如你立志成為一個書法家，那麼你很可能，一輩子都得朝夕臨池創作，以筆養技，以文養氣，孜孜矻矻於斯，以求藝術境界之提升。書法講求的是人書俱老，寫出來的字，不僅僅是技巧、功力，更是蘊涵道德文章與人世閱歷。書學浩瀚，書海無涯，於書法之道，我僅夠得上是初出茅廬，略窺門徑，離登堂入室之境尚遠。以上諸多觀點，純屬個人管見，謬誤偏頗之處，再所難免，尚祈書界先進，不吝指正。

註釋：

註一：「烏字十五音」：一種學習台語辭彙的詞典，其用法幾乎已失傳。

註二：「三日沒溜就爬上樹」，閩南俚俗語，其意為：猴子看到樹就爬，因為這是牠的天性。因此，耍猴的民俗藝人，必須每天提醒告誡他的猴子，看到樹不可以爬。可是，只要三天不提醒，猴子便會重犯錯誤。以此引申一般技藝之學習。

敬請參觀指教
謝富霖

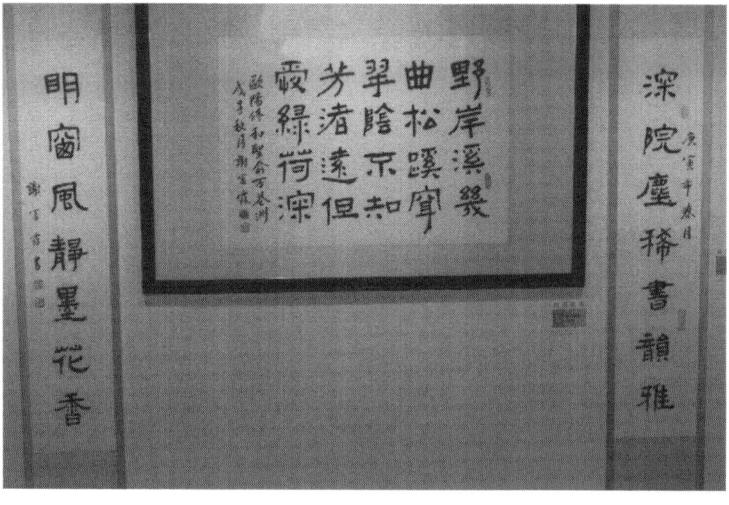
明窗風靜墨花香
深院塵稀書韻雅

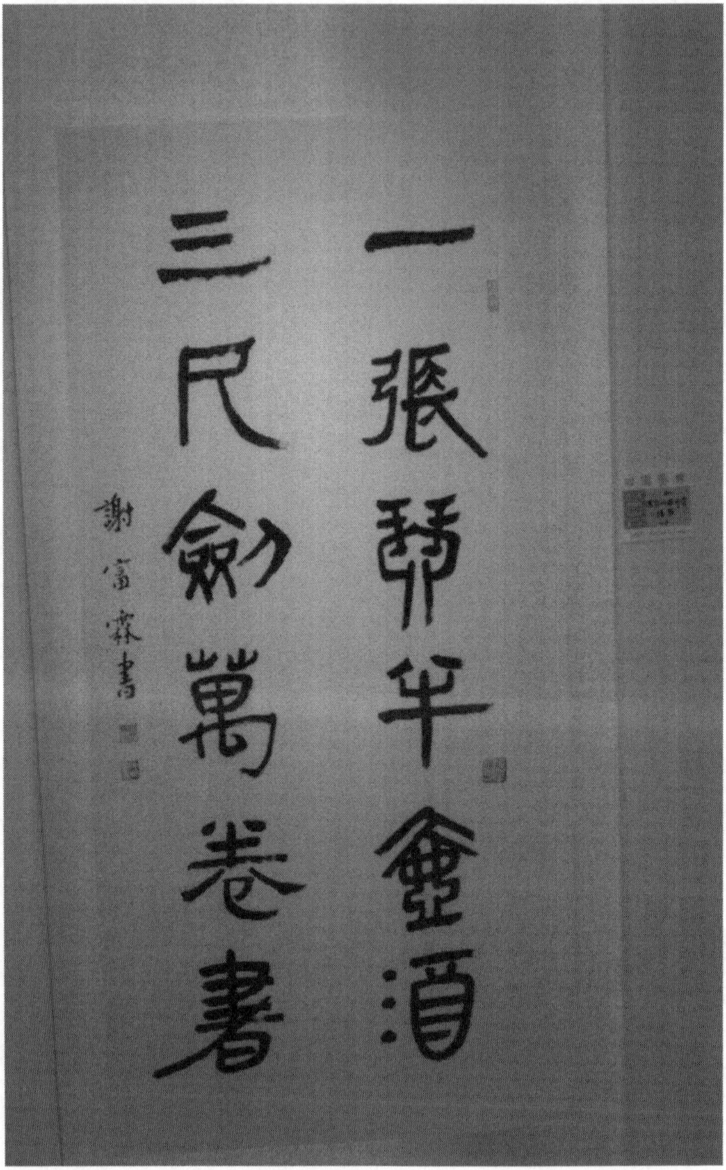
一張琴千盞酒
三尺劍萬卷書

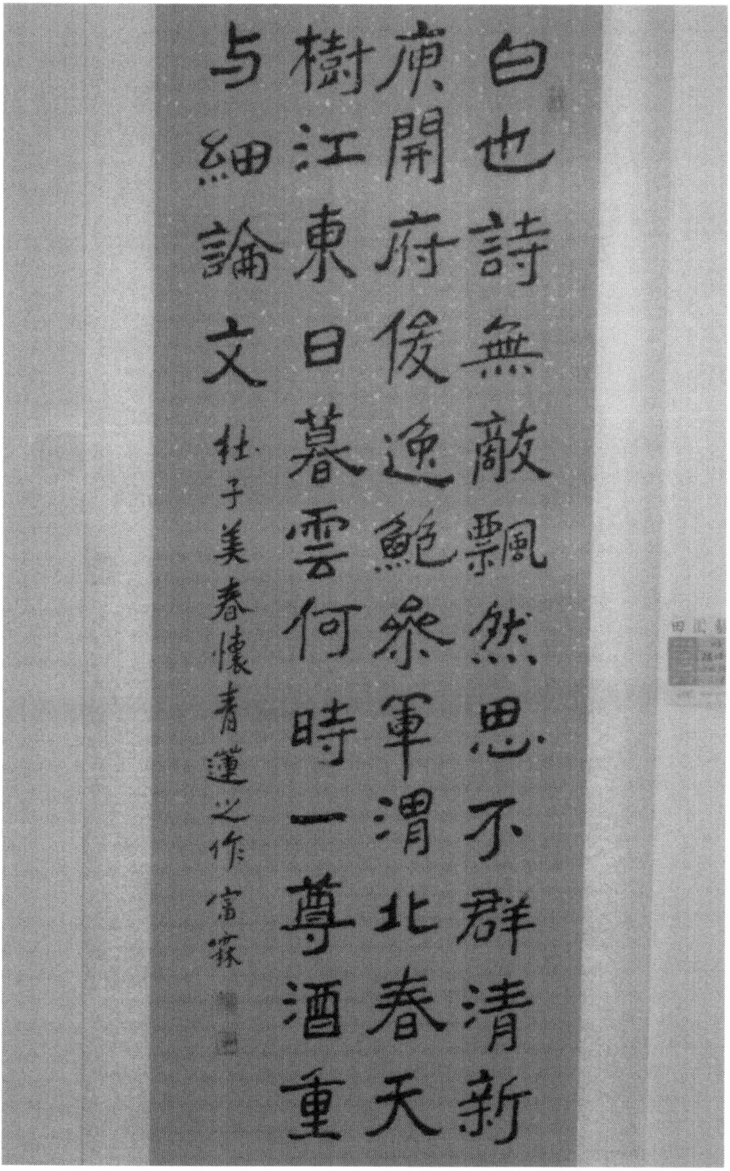
白也詩無敵飄然思不群清新
庾開府俊逸鮑參軍渭北春天
樹江東日暮雲何時一尊酒重
与細論文
杜子美春懷青蓮之作

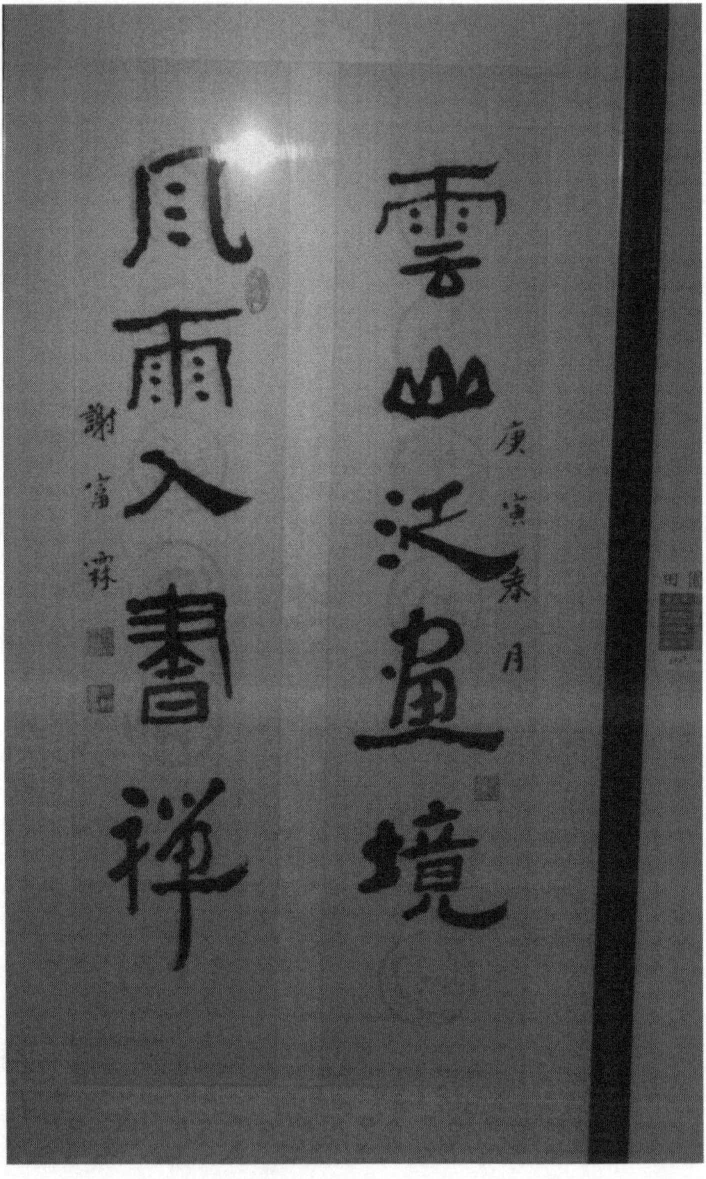
雲山泛畫境
庚寅春月
風雨入書禪
謝富霖

南疆遊之奇與趣

廖振卿

新疆省位於中國最西部，由於地域廣大（約台灣面積的五十三倍大），又以橫貫東西綿長約一千七百多公里的天山山脈為界，天山以北的疆域稱為北疆，以南稱南疆。南北疆各自以沙漠、瀚海、草原、綠洲、湖泊等天然美景，吸引一批又一批的中外遊客前往旅遊。每年前往新疆旅遊的最適宜月份是五至六月，彼時天氣轉暖，不冷不熱，天山的雪水融化，滋潤沙漠中的草原綠洲，只見草原上一片欣欣向榮，百花齊放，牛羊馬兒成群覓食，那種壯觀的場面，真是令人過目難忘啊！

以下試以十二點，介紹旅遊時的見聞。

一、天山神秘大峽谷與天山神木園

天山神秘大峽谷與天山神木園，是此次南疆之旅，最美麗值得欣賞的兩處天然奇景。天山神秘大峽谷位於阿克蘇地區庫車縣北方七十多公里處，有國道經過，前往十分方便。說也奇怪，南疆地區的山與沙漠一般都是灰褐色的，然而這處大峽谷的山脈竟然是紅色的。整座大峽谷綿長數公里，谷外燥熱，走入谷內馬上感覺十分涼爽。在谷底裡走著走著，抬頭往上望，只見天空僅呈一線，左右兩邊的山體好像兩座巨屏風，隨時都會有合攏的危機。谷內隨著兩邊山勢起伏，或寬或窄，也有數十處觀賞景點，像臥駝峰、南天門、旋天古堡、一線天等等。最神祕奇異的是其中兩處相近的景點「靈光洞」與「聖泉池」，靈光洞的洞體，彷彿是觀世音菩薩的坐姿聖像，洞壁有汩汩清泉不斷冒出，據說有時空氣中還隱隱會有梵樂聲傳來，益添其神秘氣氛。

天山神木園則位於阿克蘇地區溫宿縣境內。天山北坡屬陰面，因氣候適宜，草木長得十分茂盛；南坡屬陽面，一般因天氣酷熱，寸草不生。而天山神木園就在天山陽面奇異的出現。整個園區占地數公頃，不但草木茂盛，鬱鬱葱葱，還生長了近百棵各式各樣、千奇百怪，樹齡達到五百至千餘年的古巨樹，如杏、柳、楊等，令人嘖嘖稱奇。其中最奇異的兩棵樹，一稱「奧運樹」，樹身天然的長有五個環。另一棵「無根樹」，樹身被風吹倒了，沒有根竟然還能活，若非親眼目睹，還真不敢相信！

二、葱嶺之路

葱嶺之路指由南疆喀什地區驅車一路沿著314國道直上中（國）巴（基斯坦）邊界的紅其拉甫口岸，海拔由一千多公尺，上升到五千多公尺。葱嶺是帕米爾高原的別稱，帕米爾三個字塔吉克族語即「世界屋脊」之意。葱嶺之路沿著帕米爾高原東側邊緣的峽谷，順著河流開鑿道路直上，道路狹小，崎嶇難行，但風景絕美。傳說中這條道路也是當年唐三藏去西天取經所經過之地，故沿途留下不少傳奇故事，令人津津樂道。不可思議的是，當年並沒有道路，如何在崇山峻嶺，野獸成群出沒的荒涼地區前行，就有賴人們各自去想像了。

我們的遊覽車從喀什市開出約兩三個小時，即進入嶺區的「蓋孜大峽谷」，峽谷內除了陡峭的山壁、巨石外，沒有草，沒有牲畜，漫天遍地呈現荒蕪的景象，令人驚嘆！隨著車子越爬越高，車外景象也逐漸起了變化，只見道路兩旁遠處高山頂，紛紛覆蓋上一層白雪，而隨著海拔越高，積雪也離我們越來越近。當我們的車開至海拔四千多公尺時，大雪紛紛由山底漫延至平原，來到道路兩旁我們的腳底下。此時只見天與地合而為一，漫天漫地一片雪白，那種視覺與精神上的震撼，除非親身經歷，否則真難以體會！

三、香梨好吃

香梨是南疆庫爾勒地區盛產的水果，比柳丁稍小的身軀，淺綠色薄薄一層的果皮，咬下去，甜蜜多汁，令人吃了還想再吃。在南疆旅遊期間，團員們只要看到水果攤，莫不紛紛前往搶購香梨。一公斤約人民幣十元左右，可說高貴不貴。香梨還有一特性，即耐貯藏。我們五月前往，今年的香梨尚未成熟，攤販上賣的可是去年的水果，但品質不變，一樣好吃。

當然，南疆好吃的水果不止香梨，像哈蜜瓜、各種葡萄、西瓜、蘋果等也都很好吃，但似乎總不如香梨令人回味無窮。

四、沙漠遇雨

南疆地區乾旱少雨，每年下雨的天數可能只是個位數。雨量更是稀少，有些地區每年只有三毫米的雨量。我們此次前往旅遊，某日竟在車行於沙漠公路時，碰到下雨。當時只見公路前方煙塵滾滾，狂風大作，接著大大小小的雨滴不停敲打在車子上，司機趕緊啓動大約很久沒有用過的雨刷。經過十幾分鐘雨停了，眼見地面還沒濕透呢！不過我們當晚夜宿附近城市，隔天早上起床一看，街道柏油馬路上竟有些積水，可見當晚又下了一場更大的雨。

五、白楊醒目

新疆地區生長著一種胡楊樹，此種樹種具有抗旱、耐鹼等特性，故能在雨水十分稀少的沙漠中生存。號稱活著一千年不死，死了一千年不倒，倒了一千年不爛。由於生長條件艱苦，其樹姿也就千奇百怪，不一而足。不過在各大綠洲城市道路兩旁，普遍栽植的樹種是白楊樹。白楊樹樹皮呈棕乳色，樹身挺直，成排栽植於道路兩旁，兼具防風沙與美觀價值。它們就像一列列保衛城市的士兵，列隊站立於道路兩旁，歡迎前來旅遊的觀光客，令人難忘。

六、話　饢

新疆地區由於地大、乾旱，出外工作、旅行，往往需要自帶食物，以備不時之需。而這種食物要具備有易保存、不易腐壞的特點，饢這種食物就具備上述特點，故在新疆各個城市街道，到處都有人在賣饢。從大至鍋蓋的饢，到小至手掌般的都有。導遊為了怕我們乘車旅途中餓肚子，有時也買些大小不一的饢放在車上，供我們取用。一般來說，剛烤好尚有餘溫的饢較好吃，若冷了硬了則只好配開水才能下嚥。有些團員臨返台前，還特意去採購了幾個鍋蓋般大的饢帶回家，不知是留做紀念？還是向親友獻寶？

七、玉龍喀什河撿玉

玉龍喀什河發源於崑崙山脈，流域綿長寬廣，是一條盛產各種美玉的河流。此次我們南疆行由阿克蘇市，一路穿越四百多公里的塔克拉馬干大沙漠，來到此河流經的一個城市——和田市，自不免要下到河床尋找美玉一番。我們一團二十餘人，各個捲起衣袖，滿懷希望的在河床上尋尋覓覓，但美玉豈能如此容易尋獲？大約經過一個小時，各個空手失望而歸。此時，我們的遊覽車旁早已聚集了幾位維吾爾族年輕人，他們各個手裡揣著一粒粒玉石，待價而沽？於是經過一陣喊價、殺價，我們終於用錢「撿」到了玉石，而維族小伙子們也獲得代價，皆大歡喜。

八、時差問題

春夏季期間，新疆地區的時間是晝長夜短，與台灣的晝夜「差很大」。每天晚上八、九點，太陽還高掛在天空。直到十點過後天空才逐漸暗下來。所謂入境隨俗，我們也不得不調整生活作習，每天晚上九點過後才吃晚餐，午夜一點才出門逛夜市。剛抵達的幾天真有些不習慣，後來也就逐漸適應了。

九、車庫、庫車

南疆有一個綠洲大城市叫庫車，庫車市也就是以前的龜茲古國，地處西域中心地帶，是古絲路三十六國裡的第三大國。正當某日我們在庫車市的某處景點觀光時，突然有位團員的手機響起，她急忙打開接聽：「喂，是，我是某某某，我現在在車庫，不方便接聽你的電話……」語畢，旁邊聽到的團員莫不笑彎了腰。或許電話彼端打電話給她的朋友也一頭霧水，為何人在「車庫」卻不便接聽電話？

十、有生意頭腦的古麗

古麗，維吾爾族語「姑娘」的意思。在南疆喀什地區，我們碰上了一位很有生意頭腦的「古麗」。這位維族姑娘，今年才二十二歲，大學剛畢業不久。當我們一團二十餘人抵達「高台民居」（喀什市區裡保留的老街）時，這位「古麗」就很熱心的接待我們，一直為我們介紹老街風景，講解老街歷史。碰到團員欲和她合影，也來者不拒，並擺出各種不同的迷人姿勢，讓每位團員都很滿意。不久「古麗」帶我們來到一處人家，這處人家有一間大客廳，客廳上鋪滿了華麗的地毯。客廳一側並擺放一台大電視音響。「古麗」此時說了：「你們先進客廳裡坐，待我換件漂亮舞衣，配合電視音響，跳兩條維族舞蹈給各位欣賞可好？」大家當然說好。「不過，每人要收十元觀賞費。」古麗小聲的說了。「好好好，既來之則安之，進去吧！」不曉得哪位團員說了，於是大家都沒意見。就這樣，古麗很快換了一件漂亮衣裳，輕輕鬆鬆配合音樂跳了兩條舞，淨賺人民幣兩百多元。樂得也在旁觀賞並幫忙打拍子的一位中年婦人笑呵呵，這位婦人應就是「古麗」的媽了。

十一、野地小解

南疆地域廣大，車行處，公路兩旁盡是杳無人煙的沙漠地區，要方便如何解決?當然得回歸最原始的方式。每次車停公路旁，導遊總宣布，男生在左邊，女生在右邊，各自尋找掩蔽物解決。如此總見兩種景像，男生集體站立於路左邊整排，各自發射，場面壯觀。女生在右邊因各自尋找掩蔽物，忽隱忽現。開始時大家還有些不習慣，幾天下來，大家似乎也逐漸適應了，一面小解還一面打趣，在野外打野戰慣了，回家後坐在馬桶上可能會尿不出來呢！

十二、議價

出外旅遊，購物議價是一種樂趣。一件商品，老闆出價十元，你能還到五元左右成交，算你很會議價。此次前往南疆旅遊，筆者還注意到維吾爾族人議價有一種有趣的習慣，當互相議價即將達成共識時，賣者會拉著買者到旁邊，舉起買者的左手，手心向上，然後用自己的右手從上方大力拍打下去，拍打的同時，將價錢大聲講出，頗有一槌定音之效。通常經過拍打之後，雙方皆各知底限，成不成交就不再囉嗦了。

中橫畢旅中興新村施茂漪家

大峽谷神奇之旅

曹林英

一、大峽谷簡介

接到施美雪的電話，方才醒悟大學畢業到明年一晃就是四十個年頭了。歲月如梭，浮生若夢，不勝感慨！經她之遊說，要我在明年正式出版的班刊上，寫一篇文章。寫什麼好呢？想想，在美國 Arizona 州一待，將近三十個年頭了。都到了耳順之年，同學們大概也比較清閒了吧！不受困於工作，或許會出來旅遊，到處看看，拓展視野。那麼，我就來簡介 Arizona 的名勝——大峽谷國家公園（Grand Canyon National Park）吧！

從鳳凰城前往大峽谷，有三條路線可行，最短的路線開車約三個半個小時，由南門進入大峽谷；長的一線約五個小時，經過 Flagstaff，沿途樹林茂密，空氣清新，由東門進入大峽谷。另外，可把車開到 **Williams**，在那兒坐火車直達大峽谷。此外，又可乘坐直升機在空中鳥瞰大峽谷，俯視高原之中的峽谷裂層，科羅拉多河躺在谷底，是另一種體驗的方式。二十多年前，我們全家第一次出遊大峽谷，那時剛搬來此州不久，孩子尚小，只是走馬觀花，並未細看；其間雖又去過兩次，但也都是蜻蜓點水，來去匆匆。前年外子退休了，他熱愛旅遊，受其影響，我也辭去了兼差工作，就跟著走走看看。因此我們決定舊地重遊，在那兒露了幾天營，頗有一些心得，茲寫下與同學分享。

我們開車經由短途的路線到達南門入口，在售票處，**Ranger** 說大峽谷比在二〇一〇年前時有所變化。當我們到達遊客中心（**Visitor Center**）時，的確是大有不同，不但整修、擴建了遊客中心且增加了一些其他建築，修復了一些景點，新的景象呈現眼前。漆著紅色、藍色、紫色、橘色四線免費的 **Shuttle Bus**（接駁巴士）在這裡會合，遊客們由此轉站至大峽谷各個不同的方向、地點。大峽谷有 **North Rim** 和 **South Rim**。**North Rim** 在大峽谷北緣，位置較北，地勢較高，偏遠些，去觀光的人也少些；South Rim 在大峽谷南緣，是廣受人們青睞，也是我曾遊過，並摘記下來的所謂的「大峽谷國家公園」。

大峽谷的遊客中心和小型博物館裡，介紹著大峽谷的地質、地貌、生態、化石、人文歷史等，很值得參觀。在遊客中心，看過了三十分鐘「大峽谷」的影片，使我們對大峽谷有了一些基本上的認識。大峽谷的形狀極不規則，大致沿科羅拉多河呈東西走向，它總面積達一千九百餘平方英里，長二七七英里，平均寬度從十至十八英里不等，平均約有一英里深。北緣高（8000 feet），南緣低（7000 feet），大峽谷本是一個高原（Kaibab Plateau），是被一條源遠流長的科羅拉多河（Colorado River）經過數百萬年的切割、侵蝕而形成的自然地理景觀。科羅拉多河是大峽谷生態系統的命脈，蘊藏了豐富的水資源，它給峽谷帶來豐富的生命氣息，尤其是在科羅拉多高原河段，河流多流經紅沙岩土質地帶，故科羅拉多有「赭色、紅色」之意。世界七大奇景之一的大峽谷，就是科羅拉多河鬼斧神工的傑作。

當美國地理學家 John Wesley Powell 於一八六九年率領一支探險隊人員，探勘科羅拉多河和大峽谷，走遍了整個峽谷，他們被眼前的景象驚呆了，記錄下來他們的行蹤。經他之宣傳，大峽谷的天然奇景，方為世人所知。地理位置於 Arizona 境內的大峽谷，峽谷內峭壁險峻，紫色、橙色、赭紅色的岩石峭壁，隨著陽光的照射，顏色呈不同變化，絢麗多彩。加上綠色的樹林、樹叢，白色的湍流，棕色的土地，景色十分雄偉壯麗。站在懸崖峭壁上憑欄遠眺寬闊的峽谷，一層層的岩石梯、斜坡、山丘等千姿

百態，令人為之動容。

大峽谷東側路線上有 Desert view, Navajo Point, Lipan Point, Moran Point, Grandview Point, Yaki Point 等景點（Points of interest）。這些景點分佈在約二十五英里長的 Desert View Drive 路上，在此線上有六個峽谷觀景點，the Tusayan Ruin 和博物館等。由大峽谷的東門入口，在 Desert View，有一座七十呎高的「Watch Tower（瞭望塔）」矗立於此，從樓頂俯瞰峽谷，視野一望無際，景色盡收眼底，不同的方位，有不同的景緻。由東向西看整個大峽谷，還有谷底的科羅拉多河，氣象萬千。在塔頂，可以看到科羅拉多河在此轉了個大彎向西流去。「瞭望塔」是以前印第安人建來監視周圍環境，現在已成為古蹟。在 Desert View 景區內，這兒有餐廳、點心部，走累了可歇個腿，伸伸腰，另有禮品店、書店、廁所和服務站。Navajo Point: 這是 South Rim 大峽谷最高的俯瞰點，它有點類似在 Desert View 景區內的「Watch Tower」，遊客可極目四望科羅拉多河西部的全景。Lipan Point: 在此處我們可看出峽谷的幾個特色：1. Hance Rapid（急流），是沿科羅拉多河的強大有力的激流險灘之一。2. Unkar Delta（三角州）Puebloan 人的祖先居住過此地，是考古研究之地。3. The Grand Canyon Supergroup，是大峽谷一個獨特的地層，Moran Point：地質是大峽谷景觀的一個顯著特徵，在 Moran Point 特別明顯，從此處往西看，可清晰地見到三種主要岩石地質：Sedimentary Layered Paleozoic Rocks（沉積層狀古生代岩石）、Metamorphic（變質岩）、and Igneous Basement Rocks（火成岩基岩）。Grandview Point:許多的遊客聚集到此來觀看大峽谷的全景，從東到西，包括向西流的科羅拉多河。Grandview Trail 由此進入，這條古道是很陡的，夏天大多是在大太陽底下行走。Yaki Point:這是在 Desert View Drive 路上唯一不可有私人車進入的景點，只可以從大峽谷遊客中心乘坐（Kaibab Rim Route）橘色的 Shuttle Bus 到此。Yaki Point 景色迷人，訪客們可在此處欣賞日落或日出的美景。大體來說，一眼望去景色似乎雷同，但細看之下，每個景點卻有它獨到之處。（Mather Point 是最接近 Shuttle Bus 總站站口的觀光點，離遊客中心只有幾步路，是一個吸引許多遊客的地方。這裏有個突出的懸崖，很多人特地跑到懸崖邊來看峽谷並拍照。）

大峽谷西側路線上有 Hermits Rest, Pima Point, Moment Creek Vista, the Abyss, Mohave Point, Hopi Point, Powell Point, Maricopa Point, Trailview Overlook 等景點（Points of interest）。這些有名的風景點分散在 Hermit Road 這條路線上。Hermit Road 是大峽谷西端，沿著崖緣的一條風景雄偉美麗的路線，也是一條在公園內最熱門又受歡迎的景點路線，全程大約有七英里長。整條 Hermit Road 是不准許私人車輛進入的，只能乘坐紅、藍色的 Shuttle Bus 進出。

坐上（Hermits Rest Route）的紅色 Shuttle Bus 到 Rim Trail，爬上一座小山，就是 Trailview Overlook 景點。人們可以俯視 Bright Angel Trail，它是一條主要的通到科羅拉多河的登山古道。由於 Bright Angel Trail 的 Fault（斷層）是最陡的路段之一，當年印第安土著先走到 Indian Garden（印第安花園中途站，可宿於此），再一直走到科羅拉多河去取水，其間會遇到天氣逐漸變化。此處又可看到高原的平頂部分及有歷史性的村子，Maricopa

Point：此處在一八九一年 an Hogan 獲得採礦權，先是銅礦，後是鈾礦，直至一九六七年結束，大峽谷國家公園一九八七年收購該物業，但在二〇〇八年才開始修復主要環境，依舊可以看到當年採礦的遺跡。在 Powell Point 景點當中，有一個「The Powell Memorial」石碑，它是紀念 John Wesley Powell 和探險人員在十九世紀沿著科羅拉多河探索而發現了大峽谷。除了欣賞優美的景色外，遊客同時也到「The Powell Memorial」石碑那兒憑弔一番，並得知一些公園的歷史背景。Hopi Point：這是一個最熱門觀看日出和日落的地方，因為此景點的視野開闊，遊客們可遠眺各個角落。Mohave Point：是另一個可觀看日出和日落的景點，訪客們在此也可以看到深藏在峽谷下面的科羅拉多河。The Abyss：它是個幾乎垂直的峽谷深淵景觀，由此角度來看，往下可看到 Monument Creek Vista Area，背包客常在此露營。Monument Creek Vista：坐 Shuttle Bus 到此，我們可向下看到紀念碑溪水的排水處。「Greenway Trail」，是一條未鋪砌的小徑，由此可走到 Hopi Point。Pima Point：站在峽谷的懸崖邊，能看到科羅拉多河水，有時會聽到潺潺流水聲，及花崗岩下面的急流飛濺到峽谷壁上的聲音。由於峽谷非常深，站在峽谷邊緣，只有少數幾處地方，人們才能窺見到峽谷底的科羅拉多河。Hermits Rest：一棟在一九一四年建的有名建築物，外表看起來像一個礦工住的小屋，屋裡有個巨大的壁爐，屋外有長廊。在 Hermits Rest 裡面賣著旅遊書刊、錄影錄像帶、紀念品、和點心零食。Hermits Rest 是紅色與藍色 Shuttle Bus 的起、迄站，是「Hermit Road」這條柏油路面的終點，也是 Hermits Rest Trail 的入山口。Hermits Rest Trail 是一條比較不好走的登山步道，需要申請許可證，方可通行。

二、踏上旅程

第一天，我們參觀了 Visitor Center，看了大峽谷的影片及附近的建築，然後去 Mather Point 這個位於東西兩側路線之間的景點遊覽一番。走累了，開車到營區「Mather Campground」紮營，我們打算睡在 SUV 上，省去了搭、拆帳蓬的麻煩事兒。營地裡大樹林立，夏天來此躲避一下酷暑，不失為一良策。大樹上有很多烏鴉，叫個不停。我們把小冰櫃放在營地桌上，一盒茶葉蛋擺在旁邊，想先去沖個澡，等會兒再來吃。此營區地點適中，附近有淋浴設備和洗衣房，淋浴一次美金二元，可洗八分鐘。洗衣一次美金一塊兩毛五，烘乾每十分鐘兩毛五。也有雜貨商店，但東西挺貴的。淋浴完回到營地，一盒煮好的茶葉蛋，尚未吃到嘴，已經不見，頗為怨懟，想不出到底怎麼回事？營地晚上有節目，由 **Park Ranger** 主持。

第一晚，我們聽了 **Ranger Mike** 介紹大峽谷，他很風趣，說起話來，逗得大家笑個不停。他說冬天來露營，遊客大多會擠在廁所屋內的空地睡覺，因為那兒有暖氣。有一次，天正下著大雪，他發現兩個露營者睡在帳蓬內，營帳外已有積雪，一輛大 **Van** 就停在帳蓬旁邊，他不明白遊客為何不在車上睡，暖和些。於是叫醒了他們，他們已凍得打顫，竟忘了到車上去睡。另外，他要大家猜猜看，遊客最常問的問題是什麼？終於有人出聲問道：「每年有多少人掉下峽谷的懸崖？」他說：「在每年平均五百萬個遊客當中，約有五個人掉下去，但是每年平均有十一個人被閃電擊中，相形之下，也就沒有什麼大不了的！」他接著說除了天災以外，若一個人掉下懸崖，出動直升機來救他，那麼，救上來之後，這人得付三千元美金。大家都不禁「wow」的一聲叫了出來！

第二天，我們搭乘紅色 Shuttle Bus 沿著西線上著名的大峽谷景點轉了一圈，在 Hermits Rest 看到了一本大峽谷和其他國家公園的畫冊及錄像帶，拍攝得非常好，外子愛不釋手，可惜已售完沒能買到，服務員要我們到遊客中心去試試看，也許會有。下午，我們信步來到峽谷村去參觀一下峽谷內的酒店、旅舍、賓館等區。我們逛到一家旅店的大陽台，隨興坐在那兒的搖椅上，搖啊搖的，享受著輕鬆美好的時光。

今晚，Park Ranger 述說著大峽谷的歷史。結束後他問道：大峽谷不是最高，也不是最長，又不是世界最深的峽谷，為什麼會在這峽谷的名字前冠上「Grand」一字呢？沒有人知道答案。然後，He said:「Nearly 5 million people every year came to visit the Grand Canyon from all over the world. It’s us ‘people’ made Grand Canyon so famous, so Grand."」是「人們」使得大峽

谷如此盛名，如此宏觀。

第三天，一大早起來，趁著天氣還不是那麼熱，我們來到 Bright Angel Trail 入山口，預備登山。我們先往下坡走，到達第一個有著簡陋廁所設備的地方時，已過了一個小時，再往前走一小段，就調頭往上爬坡，來回走了三英里，花了三個小時，上坡走得我氣喘噓噓。這條登山步道，由於彎度和樹叢，有的地方可遮蔭，有的地方塵土飛揚，又有的地方騾糞很多。途中我們遇到了一隊騎騾子的隊伍，一位 Female Ranger 帶隊，她可一點也不含糊，一路上吆喝著為隊伍開路。我們還遇到了從 North Rim 揹著背包一路走到 South Rim 的健行客，他們已走了四、五天，體力看起來還行，真是了得！黃昏時，我們搭乘 Shuttle Bus 到「Hopi Point」看日落，風太大，有點冷，來的人還不少！看著紅紅的太陽慢慢下墜，映照出峽谷內層巒疊嶂，錯落有秩的跌宕起伏，從遠到近，由清晰到模糊，朦朦朧朧的，如同仙境般虛無飄渺！

今晚的話題，Mr. Ranger 談到在大峽谷境內的 Bald Eagle 禿鷹、白頭雕、美洲雕、Raven 烏鴉及 Squirrel 松鼠。禿鷹被列為瀕危物種（endangered species），受到保護，牠們的爪子都繫有號碼。他說此地的烏鴉相當厲害，很會偷東西吃，而且吃得不留痕跡，難怪我們帶來的一盒茶葉蛋不見了，原來是烏鴉的傑作。他又說千萬別餵松鼠，松鼠舔在人的手上，會帶給人傳染病，有不少遊客因此到診療中心急診。

第四天，我們開車到 Yavapai Point，它是位於 South Rim 最北端的景點。除了上下峽谷及峽谷的迷人景色可一覽無餘外，還有那令人驚嘆的峽谷的形成層次、科羅拉多河、毗鄰的溪流及沙丘可看。在 Yavapai Observation Station（觀測站），可看出大峽谷是如何被五顏六色的岩石雕刻成的。在觀景台，透過望遠鏡的某個角度，我看到了在科羅拉多河上的吊橋（suspension bridge），Geology Exhibits（地質展品），展品提供了令人感興趣的詳細資料，解釋著岩石的層次和高原的隆升、模型、照片及說明面板，尤其是精緻詳細的峽谷地形圖，吸引來各年齡層的人群。我們也參觀了 Geology Museum（地質博物館），該建築的位置是由一組地質學家選定的，建在山崖邊，為的是明確地觀察和了解大峽谷的地質。在西南景區裡，到處散落著海底生物化石。從 **Yavapai Point** 沿著崖緣徒步到遊客中心，大約不到一英里的路程，這是條鋪平好走的步行道路。下午，我們搭乘（**Tusayan Route**）紫色 **Shuttle Bus**，出了公園來到 **Imax Building** 一帶，**Theater** 正放映著 **3D** 影片，**Imax Building** 附設有禮品店，及銷售飲料、餐點。那附近有很多旅館，快餐連鎖店及牛排屋，在 **McDonald** 吃午飯時，我們遇到了一團大陸來的遊客，一團新加坡來的遊客把個小店擠得滿滿，嘰嘰喳喳的華語喧嘩聲，到處聽見，倍感親切！

今晚的話題，**Ms. Ranger** 講到有關在科羅拉多河興建水壩對大峽谷環境造成的影響。科羅拉多河在大峽谷的上游和下游均被建造的水壩攔截，影響了正常的水流。上游是 **Glen Canyon Dam**（格倫峽谷水壩），形成 **Lake Powell**（鮑威爾湖）；下游是 **Hoover Dam**（胡佛水壩），形成 **Lake Mead**（密德湖），主要供水給位於沙漠中的 **Las Vegas**。這些水壩不僅限制了各種魚類和其他生物的活動，更重要的是它攔截了所有大洪水。大峽谷的許多地形過去都是由這些大洪水所塑造出來的，如今水流變慢、變少了，許多地形就被改觀了，直接影響到大峽谷的生態環境。

第五天，早上我們坐藍色的 Shuttle Bus，再次遊覽 Hermits Road 這條路線上的景點。下午我們又坐橘色的 Shuttle Bus 到東線 Yaki Point 景點。我們先到 South Kaibab Trail 入山口，South Kaibab Trail 是從一九二四到一九二八年，由國家公園出資修建的，目的是給那些登山者提供一條免費的登山步道。因為在那個同時，人們必需付美金一元，才能攀登 Bright Angel Trail 這條登山古道，別無他路可行。這兒很美，我們想試著走走，但時間不夠太陽又大，似乎沒地方可遮蔭，完全暴露在陽光下。乾脆算了，我們就在此地佇足了好一會兒才離去。

今晚，有兩位 Park Rangers 來解說有關天文學方面的知識，並且帶了兩架大型望遠鏡，要教大家看天上的星星。透過望遠鏡，我看到了土星 Satur 周圍一圈明亮的黃色圓環，興奮不已。一位 Ranger 言道：「明天（6/5/12），金星 Venus 直接經過太陽和地球之間，我們會看到遙遠的星球像一個小圓點，面對太陽慢慢地滑過，這是罕見的對齊排列；錯過了，就要等一百零五年才會再現。」

大峽谷是美國西南部的一個國家公園，在一九七九年被列為世界自然遺產。每年有近五百萬的觀光客來此遊覽，他們來自不同的國家，不同的文化地區。美洲印第安人在大峽谷定居已有數千年的歷史了。President Roosevelt 為了保護大峽谷，在一八九〇年先宣布大峽谷為國家紀念園地（National Monument），在一九一九年經國會通過，大峽谷正式成為國家公園（National Park），並建立起步道、生態和地質學的教育研究系統。地質學是一門研究固體地球演變過程的科學，其中包括它的形狀和改變。羅斯福總統說：「要保留大峽谷的原樣，人類是無法改進它的面貌。時間一直在做著工作，而人類只會對它造成破壞。我們所能做的就是為後代子孫保留這大自然的神奇景觀，使所有到此旅遊的人都能一睹為快。」

大峽谷雄偉的地貌，浩瀚的幅員，懾人的氣魄，綺麗的景色，是世界上獨一無二的。有人說：「大峽谷它本身是美麗的，它的美麗，令人對宇宙創造者產生一种肅然起敬的感覺。」我亦有同感。

PS.

1.「The Skywalk（空中玻璃走廊）」是大峽谷的人工觀光景點，建在印第安保護區內。這裡，遊客可俯瞰腳下一千多公尺深的山谷，享受另一种獨特的驚險樂趣，我們並未到訪此地。

2.從五月到十月上旬，Arizona的天氣非常炎熱（華氏一百多度），不適合到此旅遊。十二下旬、一、二月天氣較冷，最舒服的月份是三、四、十月下旬及十一月。

另記：

施美雪說她讀到一則愛因斯坦的名言：「Learn from yesterday, live for today, hope for tomorrow（經驗中學習，把握住當下，希望在明天）」，她非常喜歡，感觸頗深，視為座右銘。而我更珍惜著寫在一盞古雅檯燈上的題句：「抓不住過去的夢（Not able to grasp the dream of the past）看不準未來的事（Not able to predict something for the future）擁有現在才是真實（Able to have the present is real）」來美的日子，多的是柴米油鹽醬醋茶；少的是親朋友好歡聚一堂，人生本是如此的無奈，不是嗎？

光陰似箭，歲月如梭，生命中我們一路行來，回首過去，發現自己蹉跎了許多好時光，錯過了些許美好的事情，再也不可能去把它尋找回來！誰又不是如此呢，只因為少不更事吧！一位佚名者說：「生命是單程路，不論你怎樣，都不會走回頭路。」那四載同窗的日子，很遺憾沒和同學們有什麼交集，再聚首時，真的是得好好珍惜、把握，願大家珍重！

「何當共遊成功湖，笑語溫馨話當年！」

（二〇一三年八月寄自美國）

金碧輝煌的班史

李榮棠

序言

這期班刊稿件奇缺，又可能是收航的一期，國聰班長希望我在裡面「種」點東西，盛情難卻之下，我決意敘述四年來，有關我們這個家所發生大大小小的事。

在文學院混了四年，很慚愧沒有培養出些許文學的素養，因此一直不敢冒然動筆。而這一次又一口氣寫了那麼長的一篇文章，像我的身高一樣，有時候總覺得太長不一定是有用的。如果現在或數十年後，本文能勾起您一點一滴的回憶，筆者撰寫此文的目的就已達到了！

二〇四教室

時間倒回四年前，聯考一放榜，我們的心情就很複雜，既興奮又有些擔心。三年寒窗，雖沒擠上開往台大的巴士，但搭上「成大專車」，也算還不錯。初次離開溫暖的家負笈古都，面臨的是新環境適應的問題，我們內心難免都會有些許的不安。

新生訓練是我們這一家人第一次見面。筆者住了六年的和尚廟，難得第一次看到如此多的穿著白衣黑群的女生，她們可愛的笑容，讓人有一種親切的感覺。當我想到她們將和我一起共度往後的四年時光，原本尚有一絲孤單、不安的感覺，頓時忘得一乾二淨！「我開始喜歡這個家庭了！」，我打從心裡喊了出來。雖然當時沒膽找她們聊聊，但僅僅偷看兩眼，心裡就感覺怪舒服的。

俗語說：「好的開始是成功的一半。」第一學期班長人選格外重要。阿輝甫卸戎裝，蒙教官賞識，推舉為首任班長。他負責能幹，憑著空軍三年的資歷，把班長一職幹得有聲有色。

一年級對於大學裡的一切都感到新鮮，尤其是郊遊。第一次班上活動在班會裡討論了很久，地點卻落在學校附近的中山公園。由於缺乏經驗，系會學長幫忙帶領，記得在類似古羅馬劇場的休閒廣場裡，玩著「大風吹」、「歌唱接力」等遊戲，大家都玩得很高興。

澄清湖遠征是繼中山公園後的另一個班上活動。此次活動特請年高德劭的于希武導師帶隊，一行三十餘人搭乘老爺式的軍車前往。整整一天的行程裡，我們徜徉在湖光山色之中，充分領略到了南台灣優美的風景。

為歡送班上男同學上成功嶺，本學期結束前又特假二一〇四教室，舉辦一次同樂會。會中大家歡聲笑語的場面，想必大家記憶猶新！

大一下，仍由阿輝連任班長。此學期在國聽的熱心推動下，班上成立了圖書會，國聰出任會長，募集百餘本各類圖書供大家借閱，班上讀書風氣盛行。合唱團也在那時成軍，教室、榕園、活動中心都有我們的歌聲飄揚。那一年舉辦的象棋、跳棋比賽，報名參加者踴躍，阿田與阿金棋藝高超，經過一番廝殺，分別奪得冠軍。

五十九學年度，滔滔社舉辦全校英語演講比賽，取前五名。本班應台、輝國、謝悅分獲一、二、五名，為班上爭光。

二一〇三教室

「老成派」阿輝下台後，由來自羅東的「少壯派」阿旭接棒。

這一學期班上的兩大活動是逸園的水餃大會及觀音瀑布郊遊。尤其是後者在我們的記憶中留下深刻的印象。記得初抵目的地時，仍然是大晴天豔陽高照，豈知午後卻突然風雲變色，雨勢傾盆而下，河水瞬間暴漲。大家趕緊收拾東西，沿著山間小徑奔往車上，每個人都淋成一身落湯雞。及至返回車裡，阿旭恐同學感冒，特買了米酒、花生米供大家食用、禦寒，大家緊張的心情才逐漸平復。

二年級的寒假，台南的阿輝、阿熙發起一個名為「Hunting trip」的親善訪問活動。哥倆首途進軍台中，拜會淑年與阿棠。隨後會合阿棠與謝仔繼續北征，先後地毯式的訪問了草屯的阿國、中興新村茂漪、豐原謝悅、卓蘭阿珠、新竹莉莉與治國、桃園美惠與桂榮、大溪小連、鶯歌老廖，以及台北的小玲、阿美與小周。遠征軍最遠曾達羅東（阿旭）宜蘭（惠貞）。所到之處，同學無不熱忱接待。這項活動使同學之間的距離無形中又拉近了一大步！

假期的另一件大事，乃本班老大嘉雄君與新化名媛秋香小姐舉行結婚大典，於是各地「食客」紛紛湧至新化祝賀。當獲悉新人有長達十一年的戀愛史時，大家都非常驚訝與感動。有情人終成眷屬，美滿的婚姻羨煞我們這些正打野食的光棍們。

大二下是阿棠執政時期，其時分別成立兩個俱樂部作為課餘消遣。一是每週六下午的「土風舞研習營」，由康樂股長淑瑜主持，這個活動延續了幾個星期，成效不錯；另一個是「棋藝俱樂部」，外二盃象棋跳棋比賽期間，每逢中午午休時間就開戰，結果國聰榮獲象棋冠軍，春金蟬聯跳棋后座。

歡送畢業同學所舉辦的園遊會，向來被認為是一年一度的「大拜拜」。六十一年度本班沒有放過這可以「大撈一筆」的機會，在三十六位股東斥資下，成立「南海園股份有限公司」，由班長阿棠兼任總經理，下設宣傳、總務、營業等部。公司經營的項目有哈哈冰、木瓜牛奶、關廟大鳳梨、及一心豆腐乾等。園遊會當晚，很多同學義務到會場幫忙，充分顯示我班團結合作的精神。在大家同心協力之下，營業時間雖僅短短三個多小時，公司淨賺高達五成五，每個股東都分得一個大紅包，可謂皆大歡喜。

龍崎烤肉是本學期最大的一次郊遊，給乎全班都參加此次活動。龍崎幽僻深谷裡的竹林、小屋與吊橋，讓我們難忘。關廟住持——老和尚招待的甜甘蔗、白咖啡等，也讓人飽享口福。

本學期結束前，擔認大二導師整整一年的李慶雄教授，特地贊助三百元，為我們提供了一次「南鯤鯓身之夜」的晚餐活動。當晚慶雄導師伉儷及兩位公子「闔第光臨」，讓整個活動更顯溫馨。

二〇六六教室

二下學期結束前，阿棠經班會授權變更班長選舉辦法。以往「強迫中獎」式的班長選舉已成過去，本學期欲登寶座非經一番「堅苦奮鬥」不可。結果在一番四處懇託、拉選票之後，由激進黨推出的黑馬老廖，以其「三大革新、六大保證」獲得大多數「選民」支持而當選。

老廖新官伊始，衝勁十足，上任第一炮即推出「保齡球大賽」，由於時值期末考結束，同學們歸心似箭，故參與者不多。然因活動特別，還是讓所有參加者感覺新鮮。

三上開學不久，老廖舉辦了一次「安平烤肉」活動，雖是舊地重遊，但安平海邊的夕陽美景，仍讓我們陶醉不已。

辦班刊是老廖選班長時的重要「政見」，果然經過一番努力之後，『初航』首本班刊誕生了。繼『初航』之後，老二『揚帆』、老三『長流』也每學期順利問世。這一期也是四年來的最後一期『橋』，在極端困難的情形下也即將出刊。我們希望畢業後，能本著四年來相處的感情，繼續關心、愛護班刊，讓它成為同學們之間彼此聯繫的一座心橋。

短程的郊遊已無法滿足同學的胃口，因此期中考後老廖班長即舉辦了一次遠程旅遊——烏山頭水庫二日遊。參加同學除本班十餘位外，還包括數位學弟妹。烏山深潭的泛舟，靜夜湖畔的細語，以及一整夜的不眠的狂歌，至今仍令人回味不已。

此次露營班長超有魄力的採用伊士曼彩色底片，影像較以往黑白不可同日而語。從此本班的一切活動進入「彩色時代」。

三下的班長選戰更加激烈，先後有三人角逐，結果因女同學大團結，首次產生了女班長——大眼睛的阿美。

阿美登基後深感前幾位班長皆注重外在活動，故思「返璞歸真」，積極提倡內在的充實，演講會及英語會話俱樂部的構想即肇因於此。治國的「國際事務研習報導」及老廖的「我在大武」雖苦心籌劃開講，但因後繼無人而作罷。英語俱樂部更是無疾而終！

也許是包姑娘的誘惑力太大，學期中舉辦的新營關子嶺三天兩夜之旅，參加人數竟高達四十人之多，創下本班舉辦各項活動以來的記錄。大仙尋幽、竹林敘舊、及水餃團圓都是此次活動的重要行程與活動。五月五日晚上，活動達到高潮，假包姑娘別墅廣場舉辦本班第一次正式舞會。由於於男女比例懸殊，男士排排坐，斯文地等待女士邀舞，這是一次打破傳統的舞會。

自從二上班裡有十多人「英美」慘遭滑鐵盧之後，同學們無不聞「英美」色變。所幸有「黑色殺手」綽號的修女老師返美進修，另由有「佛祖」雅號的葛麗夫人補位，因係隨夫來台渡假，秉慈悲為懷普渡眾生之原則，故一時頗受同學歡迎。夫人熱愛戲劇，在其熱心指導下，六個沒有演戲經驗的男同學，居然假文學院前露天劇場演出莎翁名劇「仲夏夜之夢」。雖係處女演出，卻也有板有眼。演玩後，「佛祖」與民同樂，大跳水舞。

三下時本班應企三同學之邀，於女生餐廳合辦了一項聯歡舞會，開本班與他系合作之始。

學期又要結束了，教了我們一年的西古老師 Odysseus 和頂好夫人葛麗要和我們分手。班長阿美率領全班同學，於逸園為他們舉辦了一場送別晚會。葛麗夫人離開成大前夕，幾位「仲夏夜之夢」的演員，特再度與她共聚於谷仁施夫人府上閒話家常。那日葛夫人穿了一件大紅色的晚禮服，神采奕奕，態度仍然那麼和諧可親。想到今後再也見不到她了，不禁黯然神傷！

大三這段時期，阿輝接掌系會總幹事，內閣閣員全由本班同學擔任。大家同心協力，為全系數百位同學服務，不僅迎新送舊辦得有聲有色，院運、校運也成績輝煌。

這一年，班上同學不論在校內或校外，都屢有佳績傳來，如治國榮任作協社長，阿熙獲文學院運動會跳高冠軍，應台參加扶輪社舉辦全省大專院校英語演講比賽名列第三。此外，系內桌球比賽，本班再度榮獲冠軍。

二〇七〇教室

許多人都這麼講，升上四年級後，有形無形有一種孤單的感覺。一方面遺棄他人，一方面被人遺棄。加以課程少翹課者多，因此舉辦活動更加困難。但新任班長淑年秉持愛心，熱情為大家服務。有多少耕耘就有多少收穫，果然班上活動又熱絡起來。

學期伊始的十月初，假榕園舉行慶生晚會，為六位當月壽星祝壽，當天參加同學共三十多位。

另一次瑞里之旅，參加同學雖僅十八位，但卻辦得十分成功，事後大家咸認為不虛此行。雲潭瀑布、蝙蝠洞和若蘭山莊的風光絕佳，青年嶺、迷魂宮、泰山樹籐等，讓我們感覺既驚險又刺激……

四上另一次郊遊在尖山埤，但活動後的孔生、國聰家拜訪更令人難忘。

這學期，除了治國當選活動中心總幹事外，霄龍榮膺話劇社社長。至於系上舉辦的活動，阿輝獲書法比賽第一名，本班女排與外二學妹鏖戰四局後敗北，屈居亞軍。

畢旅是班上四年來最盛大的一場活動，從成立行動小組到旅行結束，整個過程，一波三折。幸賴淑年、阿熙硬撐才得以順利完成。

二月八日，遊覽車終於從學校總圖書館前鳴炮出發，一路經高雄、屏東、墾丁抵台東。九日改道山線行走，經鯉魚潭夜宿花蓮。十日從長春橋徒步中橫菁華段至天祥，當晚舉行「天祥之夜」。十一日由天祥搭車抵大禹嶺，再徒步登合歡山。雖僅欣賞殘雪，但得窺合歡山真面目，已感十分滿足。

十二日遊覽武陵及福壽山農場，而後驅車至谷關泡溫泉。十三日大軍開入台中，暢遊台中公園並參觀東海大學校園。隨後轉赴省府，在茂漪家接受中部七位同學的聯合午宴。餐畢，並參觀省府資料館。傍晚時分，抵達畢旅最後一站的溪頭。當晚舉行「溪頭之夜」晚會，為此次七天六晚的旅行劃下完美句點。

總論此次旅行，旅程長達七百多公里，沿途經過三市九縣，參觀遊覽名勝古蹟四十多處。啓用六台相機照了十七捲彩色底片，事後加洗照片多達近一千張。

大四下，我們在學校的最後一學期，由國聰出任班長。至於畢聯會方面則由阿美擔任本班代表。

四下剛開始，男同學為了即將到來的預官考試猛K而無暇他顧，女同學也忙著為謀職的準備而忙祿，聚會時間相對減少很多。阿棠有鑒於此，特籌辦一個「晚餐會」，每周聚會一次，拉攏大家的感情。

三月底，本班十位男同學前往高雄參加預官考試。家居高雄的淑瑜與璧如等幾位同學熱心接待我們，讓我們感激萬分。

期中考過後，我們再度前往關子嶺竹林別墅度假，遠離城市的喧囂，置身於綠竹幽林之間，令人有一種渾然忘我的感覺。

雖已四下，同學仍作最後衝刺，不論在校內校外，均為班上爭取到最大榮譽。青年節前夕，治國當選六十三年度全國優秀青年，阿輝則獲得「南部七縣市書法比賽大專組」冠軍。應台、小玲、真芳在參加系會舉辦的全校聽力測驗中，分獲一、四、五名。謝悅則在作文比賽中得到第三。阿國也不甘示弱，在滔滔社舉辦的英詩朗誦比賽勇奪冠軍。

為了紀念「五五關子嶺別墅」週年，國聰特推出「鐵馬遊台南一周」活動，這是本班四年來最後一項活動，也算是我們對古城的最後巡禮。行程包括秋茂園、中山公園、延平郡王祠、孔廟、忠烈祠、赤崁樓、安平古堡等。

結語

從二〇一四到二〇七〇，從中山公園到古都巡禮，從阿輝到國聰，四年就這麼結束了。朝夕相處多年，如今驟然各奔東西，內心有無限的悵惘。無法預料往後將是什麼樣的發展，同學們何時能再相聚一堂，共話當年往事？一聲珍重，難以割捨的綿綿情懷！

（選自六三級成大外四班刊《橋》）

點滴心頭

張美蓮

美雪來電催稿，將我的思緒又拉回三月十五日在台南蓮園重聚的快樂時光。短短兩天的相聚，點滴仍在心頭，轉眼卻已是兩個月前的事了！

成大一別，再見大家已是三十五年後的今天，數十年不見特別感動，尤其是美雪二〇〇四年原本約好再聚，卻臨時因事無法前來，讓我特別想念她。此次見面她依然如故，不禁給她一個深深的擁抱，老同學能再聚首真是件美好的事！

這次和惠玉、潘琴、及輝國一起搭高鐵南下，感謝瑞明開車至火車站接我們。瑞明外貌改變甚多，初見時幾乎認不出來，唯一不變的是他的口音。他早已從教職退休，兒女皆已長大，如今每天悠閒度日，真讓人欣羨。此行多虧他當司機，除載我們前往同學聚會地點，也載我們至關廟參觀鳳梨田及手工製麵廠，當然我們也都順便各買了一些回家品嚐。

當然也要感謝老廖賢伉儷，提供此次美好的住宿場地，並準備豐富的美食。而若非孔生、正輝、輝國等的熱心幫忙，同學會不會辦得如此順利。同學們有你真好，希望往後的日子能常再相聚，畢竟我們的年歲已越來越大了！

此行最遺憾也最心痛的，莫過於榮棠已離我們遠去。畢業後幾次於台南相聚，他未曾缺席，而今卻再也看不到他了。希望今後的班刊能重刊他的文章，讓我們能再記憶起他的一切。

另，此次因臨時有事無法南下參加的芳美，至今未能走出喪夫之痛。幾次和她在電話中長談，仍感覺出她的懷念與不捨。原本想藉此次老同學的聚會，讓她揮別陰影，但仍然無法如願。真希望她能早日重拾笑顏！

（選自九七年班刊《依然青春飛揚》）

晨暉

陳正輝

清晨的榕園有一種曚曨靜謐的美，奇怪，他以前並沒有這種感覺。佇立草坪中央，縷縷晨風帶給他的是層層化不開的茫然。

大成館屹立如斯，禮賢樓冷漠依然，逸園、文學院風彩依舊。就是草坪上那幾株盤根交錯的老榕，可不也仍是綠蔭如蓋？四載寒暑，他能感覺到的還是它那種默然的冷毅和孤寂。

幾聲啁啾，飄舞在樹隙金光中的是點點閃爍的綠波。拾起一片嫩葉，涼涼的，潤滑的表面，令他聚神的再向四周關切的做一番尋禮。輕紗似地薄霧籠罩在整個草坪，草坪的灌木叢上掩映著幾朵粉紅色的小花……春來了。

今春來得較遲，但，畢竟還是來了，就如同六月蟬鳴雀躍枝頭的時候，校園內的鳳凰樹上總會抹上一片火紅，一簇簇的紅雲，點綴的是襲襲飄逸的黑色長袍。往年在這個時候，他都有一種莫名的興奮，看著盪漾在他們臉上的笑容，他感覺的可是離別的愁悵以及陣陣澎湃飛揚的波濤洶湧。猶如啓碇待航，儘管面對的是一片茫茫的汪洋大海，但他相信激盪在他們胸中的，除了些許的迷惘外，定有更多的豪情壯志。古人十載寒窗苦讀等待的就是這麼一天。十幾年的求知歲月，不管如何也該是考驗考驗自己的時候了！

三年來，他默默地祝福過一群群踏上征途的學長們。他羨慕他們，也期待自己這一天的早日到來。

曾幾何時，畢旅結束了。最後一個學期已經開始，畢聯會的活動一項接一項。一晃一個學期又過了一半，有幾分驚奇，當學士照拿在他手裡的時候，他竟沒有任何異樣的感覺。照片中的他抿著嘴唇，微微有點笑意，這就是四年的代價？

從沒有想過，當畢業典禮那天，大家揮手珍重再見時將是什麼滋味？四年相處，一旦分手，再見面也不知是什麼時候了。以往，每個寒暑假他總會重返校園，為的是拾起那縈迴腦際的歡聲笑語。今年，他相信他沒有勇氣面臨那人去樓空的空寂和渺茫。他無法承受那種驟然失落的壓力，那裡的一切將不再屬於他了。

想起來，那真是件奇怪的事。五十七個完成陌生的人，由完全不認識而認識，認識有了感情之後又要分離。一千多個日子大家生活在一起，看著彼此的改變和成長。來的時候沒想到會相聚在一起，去的時候也不知各自奔向何方？一切的歡笑只是過往雲煙。真的，他們只是一群偶然被風吹聚在一起的片片白雲而已。一個月之後，在鳳凰城裡，在成功湖畔，在大草坪上就不再會發現他們的蹤影了。二〇一四的繞樑餘音早已穿入雲宵，星夜月空下的南海園也難覓蹤跡。又有誰記得別墅的熊熊火光中，那幾張歡騰的笑顏？梨山上驚險的一幕不會再重演，溪頭之夜留於腦際的又是什麼？

一張張熟悉的臉在他眼前飛逝著，他曾和他們談過、笑過、鬧過，牽著手走過，走過一千多個日子，走過人生最璀璨的一段。而他和他們相處的日子，就被註定只限於那一段。時刻一到，一切就成為過去，他和他們難再有相聚之期。他們會找到他們的新天地，而他也有自己要去的方向。儘管他會深深地記取他們每一個人的影像。但，那只是一種彌補空間的回憶罷了！

人生本就聚散無常，一個階段的結束象徵著另一個階段的開始。他不以為離別的感傷是一種脆弱，但他無法瀟灑的迎向那即將高奏的驪歌。

鳳凰花就要開了，不知今年的鳳凰花可是依然如故？他呢？他們？物是人非，來年是否仍有機會再遇故人於鳳凰花城？

好快，當真是逝者如斯，四年恍如昨日，而時光已在他們身上留下了痕跡。大家再也不復四年前的稚氣活潑，每個人的言談舉止告訴他：他變了，不錯，他是感覺出自己的改變，變得現實，變得理智，變得更進一步的認清自己，也更深一層的了解別人。太多的感觸令他失望過一陣子，驀然的頓悟，又使他有了笑容。那是午夜夢醒在一片漆黑中摸索到的光明。他無法肯定那一線曙光距他有多遠？但他相信，他是看到也感覺到了。

成長的過程是痛苦的，他願意經歷那一段痛苦。四年來他有過痛苦與歡樂，他願記取每一個片段。不是為了回憶，而是因為那是他生命旅程中的一部分。

霧散了，鈴也響了，迎著晨暉，他邁開了腳步。

（選自六三級成大外四班刊《橋》）

大三時四位同學共遊台中蝙蝠洞

台北天空下的小故事

許芳美

我的童年生活在中部小鎮，那裡氣候溫暖宜人，朗朗晴空，藍天白雲，令人神清氣爽；雲朵變幻萬千，也令人遐思無限，晨曦與夕陽的美麗更不在話下。年幼的我，從小喜歡仰望天空，也常常望著望著就不自覺地的往樹上爬去，想更靠近那蔚藍如洗的浩瀚晴空，想窺知那雲端上的祕藏。結果常在野生的芭樂樹梢發現一顆小小的、熟黃的果子，然後興奮的奉獻給老阿嬤，博得一聲「乖查某孫！」。要是不巧，芭樂只有半面黃，那就先啃一半，留在枝頭的那一半，就看運氣，如未被大人發現，討一聲罵，幾天之後，就可以再享用一次囉。

及長到台北就業，走入婚姻，下半生就此定著。像大多數職業婦女一樣，蠟燭兩頭燒，比較沒有閒情逸致去問白雲。近年來女兒離巢，時間與心情優渥自主，我又開始遠眺天空——這是台北的天空，白天大都是灰濛濛的，特別是多雨的冬季，常讓我心情低落。也曾動過「移居台中」的念頭，不過客觀因素不允許，只好在這樣的「天空下」自尋樂趣。

心念的轉變，讓我一掃陰霾，常在不經意回首時，瞥見天邊的一朵雲彩；不炫麗的夕陽消沉後，濃黑的夜空中，霓虹閃爍，整座城市大放光明，也照亮我濕冷的心。睡前，倚著夜燈，細細回味，有些小故事，一再在這樣的天空下重複著，且讓我們坐下來一起品嚐一、二。

喝斥姊

是個平常的上班日，高樓大廈林立的東區人行道上，密密麻麻像螞蟻似的擠滿著趕去上班的人群。約三米寬的騎樓走道上，被排排停放的機車佔去大半，僅餘的空間，兩人並行，稍嫌擁擠，冷漠的台北人大多是一個挨著一個的快步向前移動。

我夾雜在人群中，突然從背後傳來女高音尖銳的怒吼聲：「慢吞吞，走快點啦！」還來不及回頭的當下，卻見一個神色尷尬耳根紅透的大男孩，高鐵速度地從我後面衝過來。轉身一看，就像我女兒年紀，應是社會新鮮人。我的憐惜之心頓時湧上來，下意識地朝他微笑點頭，眼神交會的剎那，覺得他的神色似乎好了些。

心中正升起日行一善，自我感覺良好時，夾雜著叩叩高根鞋聲的人影「咻」的一聲，有人碰歪了我的肩膀。我踉蹌地被擠出人行道，順勢靠著旁邊的大樓廊柱先喘息一下，再繼續加入螞蟻行道，往辦公室前進。

一如往常進入大樓，等候電梯時，瞧見壁鐘指在八點五十五分。而在此時，眼角掃到身旁一個熟悉的身影，正是剛剛喝斥那位大男孩的大姊。我刻意微笑注視她，加大音量笑著說：「早，才八點五十五分，還早！」

但願溫和的眸光，平息她一天之始的焦躁，也緩和自己的心情。就如我從小所受的庭訓：「快樂也是一天，不快樂也一天。」「做人要手心向下，不要向上。幫助別人，不一定要出錢出力，有時心意最重要！」

年邁阿婆

九十七年十月初，午後的台北街頭還有一絲暑氣，天空是藍灰色的。基隆路上車輛稀疏，行人出奇的少。那日我稍得空暇，要去探望年邁老媽，一心不斷想著待會兒是要跟媽說笑話呢？還是只要給她搓揉手腳，稍加按摩呢？說穿了就是要趕快飛到母親身旁，向她撒撒嬌而已。

心中思量，腳步加快，迎面映入眼簾的是一位身形痀瘻的老太太，一手提著大袋豆漿，一手勾著大袋饅頭，吃力的徘徊在公車站牌下。我心想：「她應該要搭計程車才對吧！」一方面卻不由自主地向她走近。還未開口，只聽她有些遲疑加上興奮地問道：「妳要坐六一一號嗎？」應答之後我打趣道：「這是六張犁饅頭店的吧嗎？」一面順手替她拎過提袋：「我幫您拿，好重啊！」老人家客氣地推拖之後，解釋道：「本想搭計程車，可是看到路上沒什麼人，公車也空，所以就試著等公車。」

我扶她上公車就座後，老人家靦腆地向我訴說著。昭和年代出生的她，有位公學校的好友，打電話說煮了一鍋雞湯要提去她家請她吃，但因顧及同住媳婦的觀感，就決定自己坐車到朋友家。她又興奮地對我說：「妳看，我用東京線勾了好多小帽子，倒過來就是個籃子。我勾了十幾年，可以預防老年痴呆，也可以跟人結緣。到老人院就放口含會軟的巧克力；給朋友就放水果糖；早上到公園散步就放些……」說著說著，她竟有些呢喃起來，望著車窗外，不斷地問道：「我坐到永春站，下車後還要過馬路，怎麼辦？」

「是我下車的前二站，我送您到朋友家好了。」我心想，這位阿婆是我媽的年紀，應該要幫到底。就這樣，我再次扶她下車，小心翼翼地過馬路。慢慢的，一步一步走到一家店鋪門口。我把兩大袋伴手禮交回她手中之後，正要轉身道別，斜背包卻突然被塞滿一堆東西。老人家逃離似地用力把我推開，一面說道：「不可以拒絕，是我的心意……」

好吧！接受也是一種禮貌，何況我也急著去見我們家另一位老菩薩呢！快步走到虎林街四哥家，直奔母親臥塌，像展示戰利品似的掏出背包中美麗的織物。每個小巧的籃子中，散落五顆水果糖。銀色玻璃紙在粉紅、水藍的線條下，閃閃發光。我邀功似地向母親敘述著每一個細節。母親仔細聽著，示意我扶她坐起，頻頻點頭，同時我意外地聽到一聲濁濁地、低沉地「乖」的氣音。

高齡九十三歲的母親，因為會咽軟骨退化，吞嚥困難，做了氣切，體力虛弱。對她而言，發出聲音是很吃力的動作。出自她的那聲「乖」，不知怎麼地，我的腦海突然閃過童年採摘軟口水果給老祖母，被稱讚的影像，頓時內心百感交集！抬頭一看，四嫂站在房門口，眼角微濕，口中卻嚷嚷道：「媽，我們起來坐輪椅，到前廳去。」「小姑今天是乖小孩哦！我們來講古。」

故事的結尾是：兄、嫂、大姊和我，圍著媽媽，一陣討論後，發現上述老人的朋友，竟是四哥中藥鋪的客戶。我們檢視背包中的線籃共有九份，認為那是老人家送給朋友孫子的禮物。於是就以「忘了移交」為理由，再次送去她朋友家，也掀起一陣熱鬧情況。但在送回之前，我禁不住為自己保留了一份，擺放在家中展示櫃上，為一段平凡溫馨的過往，留下印記。

（選自二〇一二年出版彰女校友會《同學會》一書）

難捨四年情

梁玫麗

打從升上大四，每在校園中碰到熟人便劈頭問：「大四，快畢業了！」。當時一面口裡答道：「是啊！快畢業了。」內心卻在嘀咕著：「才進來沒多久，就要被催上路。」四年的黃金時代轉眼就已進入尾聲，使人想要多留些美麗的記憶都不可能了。

雖然過去曾有個時期，老在盼望著早點畢業，以便丟掉考試這個包袱。然而有時又想，事實上這四年裡考試也並非生活的全部，或許說僅是生活中較「不自在」的一小部分。有時也感覺考試前的一段日子也不錯，它是生活過於舒適的一貼「興奮劑」。又好像夏日裡的驟雨，來得快去得也快，考完了試，所有的緊張與煩惱立刻被拋到九霄雲外。

唸了四年的外文系，不敢說自己的外文程度如何如何，然而卻敢自謂四年的時光使我們成長了許多。撇開外貌不談，大家也都會有同感地，與大一時剛考進來時的心情與思想全然不同了。歲月不斷地在琢磨著，我們天天與各種人相處在一起，聽的、看的與相互交換意見不可謂不多，隨時會有意想不到的事情發生在每個人身上。有時候事情來得太突然而令人不知所措。所以也曾在事後為著自己那種幼稚舉動後悔、難過，但這或許是所謂的「成長之過程」吧！隨著歲月之增加，經一事長一智，我們也都老練多了。不再那麼容易臉紅，不再輕易聽信謠言而動搖自己的決心。確實我們長大了，都得為自己的言行舉止負責。步出校門後，這都將成為待人接物的基本原則。很幸運地身為這班的一份子，四年來的相處，從同學中獲益匪淺，內心老是懸念著無法償還那一份份濃濃的情。

從前，對於「我們很有緣地能夠認識並在同一個班級上課」這話並無特殊感覺。如今，在距離離去的日子愈近之時，卻愈能體會這話的意味。這真是可愛的班級，前後在七位熱心服務的班長領導之下，使得班上展開各種有聲有色的活動與比賽：籃、排球比賽及棋藝賽的殺氣騰騰，園遊會全班之通力合作，鯤鯓海邊欣賞落日之興奮，安平防風林中、龍崎竹林中之烤肉則另有一番風味。觀音瀑布驚險萬狀，瑞里的青年嶺著實令人年輕了好幾歲，還有天祥、溪頭之令人流連忘返……這一切的一切，都將在每個人的心中，留下難忘的回憶。更讓人溫馨的是，每逢端午佳節，一些台南在地同學，總會拿著家中的粽子來餵飽我們這些遠離家門遊子的思鄉之情，令人既感激又感動。

有人說「唸大學若不住校過團體生活，那就等於沒有過一個完整的大學生活」，我本人也有同感。十八宿舍的那些瘋狂日子，永遠令人懷念。由於班上十幾人住在同一棟房子，一有事即相互呼應。沒考試的日子可以一天趕好幾場電影，晚上還趕回聽演講、看晚會。有時大家相約在校園草坪、或坐在成功湖旁的大石頭上看星星、聊心願直至深夜。隔日遲起也無妨，聽見上課鈴了才奔往教室，幸運的話老師都還沒到哩！

最希望教官不在了，則可在宿舍關門後又溜到勝利路上去吃冰，直到肚皮撐不下了，才緩緩「逛」回去，真是為所欲為，無拘無束的一群。光復校區的黃昏是舉校聞名的，而我們寢室朝西邊的那扇大窗子，每天下午的黃昏時刻，都是一幅變幻無窮的彩色油畫，即使巨匠之筆也莫可媲美。生活在如此如詩如畫的環境中，我們何其幸運！

上了大四後，起初人人狀似非常忙碌，但一回到宿舍，又擺起了龍門陣。外人看來，我們像在開班會似地。人人都需要溝通才能更加相互了解，因此聊天有時並非在浪費時間，那也是我們生活的選項之一。舉凡每人一日之間所見所聞所思，相互提供，都有助於大家獲得更多知識或常識。更有些同學把她們的藏書，主動提供給大家閱讀，確屬難能可貴。而時常給予我們忠言的同學，也讓我們迅速「長大」了不少。總之同學相聚一場，就如姊妹般相親相愛相助。想到這段緣份就要因畢業而劃上休止符，真令人不捨呀！

（選自六三級成大外四班刊《橋》）

我還會回來

蔡國聰

「想想四年榕園夢，念念古樓朗朗聲；
期盼他年再相聚，共賞成大美麗景。」

我要再回來，我說，我要再回來。「成大」雖僻處台灣南方，但它四季風和日麗，大地欣欣向榮，男女純樸可愛，各個勤奮努力。所以，我要再回來。

四年前，我曾迷於羅斯福路的寬廣大道，醉於華岡的細雨霏霏，嚮往指南宮的雄偉秀麗。可是，命運安排，我來到成大，呈現在眼前的是那麼美好的情景：師長們的諄諄教誨，同學們的切磋琢磨，校園的翠綠風光。令我真想為它譜上一首悅耳歌曲，為它說幾句好話，算是臨行頌贊，或是離別贈言。儘管你對它有些幾分不滿，卻無法減輕我對它的深深喜愛；不管你對它曾有些許失望，卻無法驅逐我對它的思念綿綿……

三年前，我曾失意一段日子。雖然新鮮人過的是自由自在的燦爛年華，可是我仍然懷念每天穿制服的日子。高中時期無論富家子弟或是窮人兒女，都必須穿著相同的制服。豈知上了大學，單是服裝就叫人天天愁煩，高級的布料買不起，太粗糙又怕標新立異。每星期六的班會鏡頭不再出現我的鏡頭，中午孤伶伶的在教室裡啃麵包、喝開水。昔日的好友老王、阿西不再和我同食共飲，往日的歡笑已成夢想。下課後獨自提著藍子，騎著破車。觸目的是滿街撞球場及各種娛樂設施。我知道那是花錢的地方，那是浪費的場所。南下註冊前，媽媽曾再三叮嚀：「要節省呀！由儉入奢易，由奢入儉難，不可出入亂花錢的場所！」

兩年前竟編織了不少美夢，看男女同學相互追逐，趣味無窮。馬路上情侶一對對，美不勝收。野餐風氣盛行，郊遊再三舉辦。尤其老廖為了競選下任班長，日夜託人畫海報，覓好友代宣傳，海報上寫滿了他的心聲，宣傳上道盡了他的壯志。終於班上復活了，圖書會如期組成，象棋、跳棋大賽亦同時開鑼。同學們不分南北東西打成一片。台中的施、嘉義的吳、茄定的龍，日夜形影不離。當時外三真個熱鬧非凡，活力十足。我們終於體會到彼此的愛心，享受到互相的關懷。記得否，那年寒假，同班徐大哥結婚那天，我們第一次穿西裝到新化，他樂得和我們大吃大喝，難得見新郎倌如此開懷暢飲，我們有道不完的美夢，有說不完的笑語。你說，你說，我怎麼捨得離開這感人的圈子，我怎麼捨得離開這可愛的天地！

一年來，成熟多了，失戀不再是痛苦的滋味，功課不再是憂慮的原由。男女在一起，本是兩廂情願的事，怎能勉強別人來牽就自己？功課不好，或許是自己所花時間太少，也不再以自己聰慧不如人而自卑。我要認識的是人生浩瀚知識，怎可再斤斤計較分數之得失，成績的好壞？怎可再耿耿於懷男女之糾紛、情感的困擾。

告訴你，預官考試回來後我的心就開始不安。白天呆坐課堂上，為相聚的時間越來越少而煩惱、沉思不已。晚上苦守斗室，凝望寂星，在日記上塗滿了絢麗色彩。我知道在校的日子所剩無幾，自己要好好把握。打從大一初訪台南公園，就不斷地編織美夢，現在腦海裡多的是安平的烤肉、鯤鯓的戲水、瑞里的風景、關子嶺別墅的寒夜……點點滴滴，滴滴點點，數也數不清，算也算不完。尤其預官考試那天中午，我們幾個男同學前往小英家，如蝗蟲般的吃了一頓。隔日考完又一起奔到孫家，又是水餃，又是雞鴨魚肉。難得高雄的女同學如此熱忱招待，令我們難以忘懷！

我說過，我還要再回來，那時成大已和如今大大不同，不但可容上萬人一起觀賞的體育館早已完工啓用，且全體學生都可住校，餐廳整潔不用大排長龍，腳踏車失竊率大幅降低……

我再說一次，我還要回來。如果衣錦榮歸，我將功勞獻給母校；假如一事無成，那我就默默地獨自一人到榕園逛逛，到成功堂望望，到圖書館坐坐，回憶一下當年甜美的時光……

喃喃自語了大半天，我想我該走了，長江後浪推前浪，一代舊人換新人。不管前途是甘是苦，是平坦是坎坷，我已盡了力，不會自怨自艾！

真的，我將來還會再回來！

（選自六三級成大外四班刊《橋》）

生活花絮十二則

孔生等

◎一年一度的三八婦女節，班上男同學按照往例，向女同學表示點心意。特假瑞明住宅的客廳舉行交誼會，備茶水點心招待，女同學參加踴躍。大家相聚一起，天南地北地聊著四年來的點點滴滴，畢業後的雄心壯志。每個人的態度都那麼誠懇，令我深深感動。大學四年在人生的旅程中雖然短暫，但希望同學珍惜，直到永遠！（孔生）

◎本班桌球風氣甚盛，由連得系上舉辦桌球賽三年冠軍，可得證明。尤其近來對桌球發生興趣者，比比皆是。何輝國的遠削球，吳美鑾的快速旋轉左邊發球，阿田的怪異軟球，阿熙的斜線殺球，應台的穩重接球，無不叫人擊手贊賞。其他像孔生、嘉雄、玉霞、茂漪等亦非弱者。深盼最後一屆

比賽仍不負眾望。但願在桌壇結交之後，同學間友情更長久！（**國聰**）

◎別看小玉嬌小可愛，三月底她趁著青年節和春假，再度征服了標高三千八百多公尺的秀姑巒山，在山上吃了有生以來最「衛生」與「克難」的一頓晚餐。幸虧天黑了看不見，否則還真難下咽。當終於登頂時，她興奮得大叫幾聲，並用腳使勁的蹬了幾下最高點的土地。但因身材嬌小體重過輕，在下山的一個出風口，差點被吹下懸崖，看來要來個「增重」計劃才是。（**國聰**）

◎阿棠、阿熙、阿雄、老廖四人聊天，談著談著話題轉到「鬼」。於是阿雄說出這段足可「嚇死人」的鬼故事：「那天領了學士道袍，回家後也沒和太太說一聲，即往床上一丟。隔日早晨太太抱了一大堆衣服去泡水，一會兒要洗了，拉起學士道袍，一看，啊！怎麼家裡突然跑出一件又黑又長的怪東西，莫非……」聽說阿雄太太當場差點沒嚇昏。（**老廖**）

◎拍完畢業學士照後，阿棠、孔生、老謝、老廖、阿旭等幾位男同學坐在草坪上聊天。突然阿棠說：「誰敢穿道袍戴道帽，從成功湖大搖大擺走到勝利餐廳即請他吃午餐。」一時無人應聲，於是孔生加碼：「我也請吃水餃！」只見老謝頭一揚說：「這麼好康，我來！」於是在眾人見證下，老謝「整裝」出發。是時，剛好中午，勝利路上人馬雜遝，紛紛側目，然老謝視若無睹。終於贏得賭注──十五塊錢鍋貼，外加一大碗酸辣湯。只見老謝一面津津有味的吃著，一面說：「小意思，小意思。想當年我還和人打賭頂著棉被看電影呢……」眾人一聽，一陣默然。（**老廖**）

◎距離去年五月五日難忘的「關子嶺別墅之夜」，還差一個星期即是整整一年，我們再度上了竹林別墅。這一次沒有盛大的聲勢，卻是喜氣洋洋。淑年的參加更使大夥的民生問題得以解決，美鑾、瑞娟、惠玉都客串當了副手。竹林話舊，月下清談，弈棋、高歌，兩天來大家遠離市囂人群，沉醉在大自然的清新靜謐裡。（**正輝**）

◎楊即將返回闊別四年的馬來西亞，在祖國期間學得一曲好琵琶，別看她在班上文文靜靜，彈起琵琶來可是「大珠小珠落玉盤」。她酷吃辣椒，故有「鳳辣子」外號。她這一走，更加令人追憶起她的陽關三疊：「勸君更盡一杯酒，西出陽關無故人。」（**美雪**）

◎印尼來的清海，最喜歡與人聊天，見了熟人就咧嘴打招呼。最近照畢業照，聽說不少外系的女同學慕名想要他的學士照，不知他肯給否？又，阿郭主持青年節「藝術之夜」，當晚穿著一襲「熱情澎湃」的晚禮服，「腰若流紈素，耳若明月噹」，真個風情萬種，嬌笑如花，當場迷倒台下眾多「痴情男」。（**美雪**）

◎施大人（美雪）一向瀟灑過人，學期結束返鄉時，或許是考得太過理想而得意忘形，或許是思鄉情切，未到彰化即匆忙下車。待到發覺不對勁時，火車已離開月台，只得苦等下班車了。看似迷糊，但所謂「大人」者，不拘小節也，可見一斑。（**雅貞**）

◎玲蓉在寒假裡當了一次伴娘，第一次的經驗令她頗感新鮮。我問她感想，她說：「還是不要結婚好，當新娘又急、又累，毫無樂趣可言。」言下似有將來找個尼姑庵，安身之意！（**雅貞**）

◎妙琴於寒假期間深居簡出，三個星期來感觸頗多。她感嘆的說：「光陰飛逝，『老大姊』的寶座唾手可得，心中惘然不已。」想來這也是絕大多數女同學的心聲吧！（**淑瑜**）

◎美霞獲選本校女童軍代表，於二月中旬至金山參加全國代表大會，問她收穫如何？她大吐苦水說：「由於是第一屆主辦單位經驗不足，參加者以高中生占多數，『蓋』不起來，氣氛頗為沉悶！」（**淑瑜**）

（選自外四班刊《橋》、外三班刊《揚帆》）

後記

老廖

從今年三月同學會決定再編一本班刊，以紀念畢業四十週年，筆者一直顫顫兢兢，希望將它做得更為完美。無奈巧婦難為無米之炊，幾次發出徵集令，同學們來稿稀稀落落，不得不一再展延。直到十月終於不能再等了，開始動手整理編輯，挑選照片，並接洽出版事宜。

在整理文章方面，除了代序中提及十餘位同學的二十多篇來稿外，筆者也翻閱四十年前保留至今的兩本班刊，發現有幾篇懷舊或敘史的文章，如今四十年後再讀起來，頗有一番滋味在心頭，尤其讀到已過世的阿棠的「金碧輝煌的班史」前言裡說道：「……數十年後，本文能勾起你一點一滴的回憶，筆者撰寫此文的目的……」啊！那不正是說現在嗎？畢業四十年後，我們腦中早已把當年的點點滴滴忘得一乾二淨，感謝棠公能預知未來，當年花了三天三夜的時間，絞盡腦汁寫出這篇宏文，能讓我們勾起當年美好的回憶。另有幾篇也有相同情形，四十年後再讀之也頗為感動與懷念，於是就一併把它們收錄在本書中。

整理照片方面，富霖、阿國、孔生紛紛透過 e-mail 寄來歷年同學會照片，由於太多只能選用每年較有代表性的少數幾張。此外筆者也翻箱倒櫃，終於找到大學三、四年級時拍攝的老照片，以之和如今對比，相信頗有意義。

記得第一本班刊「揚帆」是在筆者大三上學期當班長時所出刊，大三下、大四上各出刊一期，以上三期限於經費與時代條件，皆以刻鋼版方式出刊。直到大四下畢業前最後一期，才以較美觀的打字方式印行。五年前同學會後，由孔生主編又出了一本班刊，印刷編排還算精美，可惜非正式出版且僅少數印行，篇幅也僅百頁左右。此次則由出版社正式出版發行，班刊已不再是班刊，可以當成文學書籍在書店、網路上買得到，意義更為重大！

每年的同學會凝聚同學的向心力，班刊則是心聲的表達與智慧的展現。畢業四十年我們不忘當年對文學嚮往的初衷，再次出版「金碧輝煌」的《我們這一班》班刊。期待四十五週年、五十週年，我們也能一次次的堅持，直到我們老得再也握不動手中的筆……

（二〇一三年十月底）

誰在玩翹翹板